직장학교

지은이 박이언
초판 1쇄 발행 2015년 7월 7일
3쇄 발행 2016년 11월 11일

발행처 이야기나무
발행인/편집인 김상아
아트디렉터 박기영
기획/편집 오성훈, 김정예, 박선정, 박초로미, 김호경
홍보/마케팅 한소라, 김영란
본문디자인 이든디자인
인쇄 중앙 P&L
등록번호 제25100-2011-304호
등록일자 2011년 10월 20일
주소 서울시 마포구 양화로 10길 50 마이빌딩 5층 (121-840)
전화 02-3142-0588
팩스 02-334-1588
이메일 book@bombaram.net
홈페이지 www.yiyaginamu.net
페이스북 www.facebook.com/yiyaginamu
블로그 blog.naver.com/yiyaginamu

ISBN 979-11-85860-06-0 13320
값 15,000원

이 도서의 국립중앙도서관 출판예정도서목록(CIP)은 서지정보유통지원시스템 홈페이지(http://seoji.nl.go.kr)와 국가자료공동목록시스템(http://www.nl.go.kr/kolisnet)에서 이용하실 수 있습니다.(CIP제어번호:2015017076)

〈일러두기〉
책에 등장하는 사람들은 모두 실존 인물이나 프라이버시 보호를 위해 가명을 사용했습니다.

직장학교

직장인 미래 생존법

박이언 지음

이야기나무

추천사

'생각하는 직장인'은 어떻게 가능할까?

내가 박이언 님을 처음 만난 것은 1999년 여름이었다. MBA과정 유학을 위해 GMAT 시험을 준비하는 학원에서 만났다. 과묵하고 진중한 성격의 그는 국내 대기업에 다니다가 나와 같은 시기에 미국 유학을 다녀왔다. 그리고 나는 원래 있던 신문사로 돌아갔고 그는 다국적기업의 마케팅 담당 임원으로 일하기 시작했다.

나는 그를 가끔 만났지만 그가 가진 생각의 깊이에 대해서는 몰랐다. 이후 2009년 나는 라이코스 CEO로 일하기 위해 미국으로 건너갔다. 그도 다국적기업의 중국과 대만, 일본 지사를 거치면서 해외근무를 하고 있었다. 그러던 어느 날 한국 출장이 겹쳐 다시 만난 우리는 해외에서의 근무를 통해 참 많은 것을 경험하고 있다는 것을 깨달았다.

우리는 한국과 외국의 직장문화 차이에 대해 많은 이야기를 나누었다. 회의에서는 총명함이 실종되는 한국인이라든지, 지나치게 권위적인 문화에 눌려 있는 한국의 직장문화에 대해 문제의식을 공감했다. 그리고 우리가 당연하게 생각해오던 한국 직장생활에서의 규범이 얼마나 글로벌 무대에서 한국인의 성취를 가로막고 있는지를 토로했다.

그는 자신이 느낀 것을 나처럼 트위터와 블로그를 통해 남겨보고 싶다는 얘기를 했다. 나는 이후 '개똥이'라는 아이디의 트위터 유저가 직장인들에게 도움이 되는 아주 좋은 글을 쓰는 것을 발견했다. 꼭 읽어야 할 글이라고 몇 번 내 트위터 팔로어들에게 소개했고 큰 호응을 받았다. 그러다 궁금증이 일어 "도대체 누구세요?"라고 메시지를 보냈다. 그러자 "정욱 씨, 저 모르세요? 박이언입니다."라는 답이 돌아왔다. 이후 지금까지 그의 글을 통해 많이 자극을 받고 배우고 있다. 그런 그가 자신의 생각을 모아 책을 펴낸다니 무척 반가웠다.

그의 역작인 『직장학교』를 읽으면서 내 지난 20년의 커리어를 되돌아보았다. 나는 사실 행운아다. 매년 회사에서 새로운 일을 맡게 되거나 직장을 옮기면서 새로운 것을 배울 수 있는 기회를 얻었다. 회사를 다니면서 '돈을 받아가며 항상 새로운 것을 배우고 있다'는 생각을 했다. 직장생활을 통해 새로운 문물, 새로운 사람들을 접하고 무언가를 배울 수 있었기 때문이다. 사실 나뿐만이 아니라 모든 이들에게 직장은 마땅히 그런 곳이 되어야 한다.

특히 나는 이 책에서 "이제는 호기심이 새로운 학벌이다."라는 부분이 마음에 들었다. 저자의 말대로 혁신경제 시대를 살아가는 방법은 민첩한 배움이고 그 근간은 세상사에 대한 호기심이다. 그 호기심을 풀기 위해 끊임없이 배우는 습관이 새로운 학벌이 되어야 한다는 것이다.

저자는 항상 자신에게 '나는 남들보다 호기심이 부족하지는 않은가?'라는 질문을 던지라 한다. 그리고 호기심이 가득하다면 자부심을 가지라 한다. 부족하다면 스트레스를 받으라 한다. 왜냐하면 그것이 새로운 학벌이기 때문이란다. 졸업장과 성적표에 매달려 사는 직장인의 인생에서 탈출하라는 것이다. 돌이켜보면 내게도 이런 호기심이 직장생활의 원동력이었다. 직장에서 힘든 일도 많았지만 새로운 일에 대한 도전에서 많은 것을 배우고 성장했다.

『직장학교』는 혁신경제로 인해 현기증이 날 정도로 빠르게 변하는 세상에서 살아남기 위한 지혜를 준다. 직장을 단순히 돈을 벌어 먹고살기 위한 대상이 아닌 배움을 추구할 수 있는 학교로 활용할 수 있는 방법을 가르쳐준다. 한국과 해외기업을 오가며 쌓은 저자의 20년 내공이 오롯이 담겨 있다.

이 책은 성공이란 무엇인지, 행복이란 무엇인지에 천착한다. '직장=개인의 삶=성공=행복' 방정식이 성립 가능한지에 대해서도 물음을 던진다. 그리고 각 장별로 나오는 〈실전 특강〉이 유용하다. 여기 나오는 방법만 숙지하고 따라서 해도 유능한 직장인이 될 수 있다. 상사가 시킨 일을 수동적으로 반복하는 로봇 같은 직장인보다 자기 인생의 주도권을 찾고 '생각하는 직장인'이 되고 싶은 사람들에게 이 책을 권한다.

스타트업 얼라이언스 임정욱 센터장

프롤로그

왜 직장학교인가?

"사람이 과연 먼저인가?"

이 간단한 질문에서 이 책이 시작되었다. '사람이 먼저'라는 말은 새롭지 않다. 오히려 너무 익숙한 표현이다. 기업, 언론, 정치, 교육 할 것 없이 많은 곳에서 사람이 먼저라는 말을 자주 한다. 이는 그 반대로 오랫동안 사람을 등한시해왔다는 뜻이기도 하다. 사람보다 돈, 권력, 성공, 성적, 학벌 같은 것들이 우선시되어 왔다는 뜻이다.

과연 우리는 진정으로 사람을 가장 소중하게 여기며 살아가고 있을까? 과연 기업이 이윤보다 인재 중심의 경영을 하고 있을까? 과연 학교에서 성적보다 인성을 우선시하며 아이들을 가르치고 있을까? 변화의 움직임은 있지만 '사람이 먼저'라는 명제가 과연 현재 우리 사회의 주된 패러다임일까?

'그렇다'라고 대답하기 어렵다. 이 동정 없는 삭막한 세상에서 왜 사람이 먼저라는 새빨간 거짓말을 믿고 싶어 하는 것일까?

이것이 바로 인간의 본성을 파고드는 명제이기 때문이다. "사람이 과연 먼저인가?"라는 질문에 대한 답은 단순하다. 당위적으로 사람은 먼저다. 하지만 이 답을 실천하기 위한 과정은 결코 간단하지 않다. 사회 전체의 패러다임이 바뀌어야 가능한 숙제이다. 그런데 그 변화는 정말 어렵다. 세대와 세대, 신념과 미래, 인간과 물질, 역사와 진보 간의 충돌이 얽히고설켜 만들어내는 변화이기 때문에 어렵다. 그래서 사람이 먼저라는 말은 쉬울지 몰라도 그 명제를 이해하고 실천하기는 어렵다. 특히 직장에서는 더더욱 그렇다.

한국에서 직장인이 살아가는 방식은 지난 수십 년 동안 크게 달라지지 않았다. 대학 간판과 입사시험 점수가 중요하다. 이름 있는 대기업에 몸담고 있는 사실이 자랑이고, 죽어라 일하는 것만이 미덕이다. 부모와 학교, 선배들이 귀에 못이 박히도록 누누이 강조해왔던, 윗사람이 시키는 대로 성실하게 일하다보면 더 나은 연봉이 저절로 따라온다는 '성공과 행복의 방정식' 역시 바뀌지 않았다.

그러나 이제는 그 방정식의 기저가 흔들리고 있다. 환경이 변했다. 고성장 경제시대는 저물었고, 한국기업은 세계 유수의 기업들과 치열하게 경쟁하고 있으며, 낡은 교육에서 배우지 못했던 낯설고 새로운 능력을 매순간 요구받고 있다. 대기업 몇 곳을 제외하고 고성장은커녕 적자를 면하기도 어렵다. 바늘구멍 같은 취업 관문을 뚫고 입사해봐야 10년도 지나기 전에 명예퇴직을 걱정해야 하는 시절이 되어버렸다. 그 와중에 회사는 끊임없이 글로벌 경쟁력과 창의력을 키우라고 질책한다.

이 상황에서도 여전히 공부를 열심히 해서 살인적인 입시경쟁을 뚫고 좋은 대학에 합격해 뛰어난 학점을 받고, 치열한 입사경쟁을 거쳐 대기업에 취직하고, 상사가 시키는 대로 열심히 일하다보면 "언젠가는 행복해질 수 있다."고 믿는다면 어불성설이다. 바야흐로 성공과 행복을 새롭게 정의하는 새 방정식이 필요한 시점이다.

몇 년 전 한국개발원에서 직장인 14,000명을 대상으로 한 설문조사에서 직장에서 영어를 쓰는 빈도를 물었다. '사용 안 한다'는 응답자가 71%였고, '가끔 사용한다'는 응답자가 18%였다. 그런데도 우리는 영어교육의 문제가 무엇인지 아직도 모른다. 기업들은 여전히 쓰지도 않는 죽은 영어점수를 입사시험의 핵심 조건으로 요구한다. 그 이유는 무엇일까? 인간은 습관의 동물이기에 그렇다. 표준화 교육에 60여 년 동안 길들여져 왔기 때문이다. 최근 들어 중요성이 새롭게 부각되고 있는 창의성과 인문학도 마찬가지다. 기업은 갑자기 이 2가지 능력을 요구하면서도 정작 기업은 바뀌지 않는다.

사람이 먼저이기는커녕, 기업이 직원을 대하는 안하무인에 가까운 태도는 여전히 현재진행형이다. '힘희롱'이라는 신조어가 그 현실을 입증한다. 여전히 상명하달, 집단우선의 문화에서 헤어나지 못하고 있다. 이러한 구태의연한 기업이 도태될 가능성은 매우 높다. 이대로라면 한국경제라는 배 자체가 좌초될지도 모른다. 그동안 제조업과 수출이라는 주요 연료로 잘 버텨왔던 한국경제는 곧 값싼 임금의 동남아에 따라잡힐 것이다. 미래 생존의 핵심인 창의성은 중국보다 못하다. 한국기업은 다른 나라 기업들과 힘겹게 경쟁해도 생존할까 말까 하는 현실에서 여전히 골목상권에서 가족형 중소기업을 짓누르며 힘을 과시한다.

내 관심은 기업이 아니라 기업의 구성원인 개인, 바로 여러분이다. 당신이 침몰하는 배에 타고 있다면 무엇을 하겠는가? 배에서 뛰어내리는 데는 용기가 필요하다. 그런데 용기는 둘째 치고, 뛰어내리는 데 필요한 구명조끼가 있는가? 배가 침몰하고 있다는 현실은 알고 있는가? 지금 당장은 배가 안전해 보여도 무능한 선장과 범법자 선주가 위험한 방식으로 항해하고 있는 것은 아닌지 관심을 가져야 하지 않겠는가?

모든 상황을 새롭게 인식해야 한다. 살아남기 위해 배워야 한다. 선장이 "그 자리에 꼼짝 말고 가만히 있으라."고 말해도 배가 침몰할 위험이 있는지 아닌지 스스로 판단할 수 있는 능력이 있어야 한다. 왜 기업들이 세계적 경쟁을 피할 수 없는지 아는가? 왜 한국기업에서는 야근을 멈출 수 없는지 아는가? 창의성이 왜 필요한지, 어떻게 키워야 하는지 아는가?

세계경제의 전환기에 새롭게 배워야 하는 것들은 너무나 많다. 이러한 모든 것들을 가르쳐주는 학교가 있다면 얼마나 좋을까. 애석하게도 직장에는 학교가 없다. 표준화를 외치던 기존의 낡은 교육이 수명을 다했지만 무엇을 새롭게 배워야 할지 아예 모른다.

이 책은 이 새로운 배움에 대한 길잡이다. 한국과 해외에서, 한국

기업과 외국기업에서 20년 동안 직장생활을 해오면서 느끼고 생각하고 배워온 지식과 지혜를 공유하고 싶다. 나는 언제 배에서 뛰어내리라고 감히 조언할 수 있는 사람이 아니다. 직장인으로서의 경력과 삶을 관리하는 것은 오롯이 당신의 몫이다. 단지 구명조끼가 어떻게 생겼는지, 왜 필요한지, 어떻게 하면 잘 착용할 수 있는지 알려줄 수 있기를 바라는 마음으로 이 책을 썼다.

이 책은 결국 새로운 직장에 대한 생각이다. 직업과 직장의 의미, 경쟁의 의미, 시대가 새롭게 요구하는 능력을 어떻게 개발할 것인지에 대해 함께 배운다. 이곳은 직장에서 매일, 매순간 부딪치는 크고 작은 숙제들을 함께 풀어나가는 장이다. 부디 여러분의 삶에 신선한 화두를 던지는 계기가 되길 바란다. 퇴근 후 잠시 들러 숨을 돌릴 수 있는 동네의 작은 공원이 되길 바란다.

이 작은 공간에서, 사람은 늘 먼저다.

박이언

차 례

당신이 좋든 싫든
레이스는 이미 시작되었다

제1강

생존

이제는 직장에 대한
개념을 달리 가져야 한다
고생해서 얻은 학벌의 전리품이 아니라
능력과 보상의 교환이라 생각해야 한다

기업의 비전이 당장 다음 달
매출액에 있는 것이 아니라 고객에게
어떤 가치를 전달하는가에 있어야 한다
직원은 그 가치를 창조하기 위한
자신의 노동에 어떤 의미가 있는지에
몰두해야 한다

페이스북에 낯익은 사람의 글 하나가 올라왔다. “회사에 사직서를 내고 고향으로 돌아갑니다.”라는 앨런의 짧은 글이었다. 내용은 짧았지만 의미는 깊었다. 그 글을 읽자마자 앨런의 얼굴이 떠올랐고, 이어 ‘잘된 일일까?’라는 의아함과 걱정이 들어 곧바로 국제전화를 걸었다. 한편으로는 앞으로의 계획이 궁금하기도 했다.

“앨런, 오랜만이야. 어떻게 된 거야? 중국에서 완전히 떠나기로 한 거야?”

“응, 1년 정도 중국에서 일해 보니까 나와는 안 맞는다는 확신이 섰어.”

“다시 생각해보면 안 될까? 네 능력이 너무 아까워.”

“너도 알다시피 일과 삶 사이에서 몇 년 고민하다가 내린 결론이야. 내 영혼을 따라가기로 했어.”

“영혼? 결국은 자기 확신이 제일 중요하겠지. 잘 되길 빌어.”

나는 한동안 절친이었던 앨런의 미래를 축복하면서도 한편으로는 심경이 복잡해졌다.

앨런은 내가 대만에서 재직하던 시절에 함께 일하던 친구다. 대만인은 여러 모로 한국인과 궁합이 잘 맞는다. 중국 본토와 달리 한국처럼 일찌감치 자본주의의 길을 걸으면서 전통적인 유교문화가 살아있고, 공동체를 우선시한다. 의리를 중요하게 여기며 사람 사이에 끈끈한 정이 있다.

앨런은 좋은 평가를 많이 듣는 직원이었다. 책임감이 강했고, 기획 능력과 추진력까지 갖춘 보기 드문 인재였다. 장난기 어린 웃음으로 나뿐만 아니라 주변 사람들이 쉽게 다가갈 수 있는 친근한 성격이었고, 농구를 좋아해서 구릿빛 피부와 다부진 체격을 가진 주변에 밝은 에너지를 전해주는 동료였다.

한번은 이런 일이 있었다. 앨런은 영업기획 팀장으로서 한 제품의 프로모션 계획을 수정하고 있었다. 임원회의에서 나온 피드백은 고객사 세분화 방식을 수정, 보완해야 한다는 것이었다. 그 지시대로 따르려면 고객사 수천 곳의 프로파일과 거래 내역을 재분석해야 했고, 그 작업은 한 명이 1주일 넘게 달라붙어 온전히 투자해도 겨우 할까말까할 정도로 막대한 분량이었다. 그런데 앨런은 직접 며칠 동안 야근을 하면서 그 작업을 진행했다. 여럿이 나누어 해도 힘든 일을 혼자 하려니 스트레스가 극에 달했다. 나는 눈 밑에 진한 그늘이 생긴 앨런을 지켜보며 딱한 생각이 들었다.

"앨런, 부하직원에게 시키지, 왜 네가 직접 하는 거야?"

"나도 이 분석이 성공적일지 아닐지 확신이 없는데 어떻게 남한

테 시킬 수 있겠어?”

앨런은 굳은 의지를 가지고 대답했다. 앨런의 말이 옳았다. 사실 분석이 끝나더라도 프로모션의 효과가 나아진다는 보장은 없었다. 임원들의 ‘감’으로는 프로모션이 향상될 것이라는 가설이 있었지만 그 가설이 맞는다는 확답은 없었다. 분석이 끝나봐야 알 수 있는 일이었다. 하지만 앨런은 무책임하게 이론만 살아있는 아이디어를 부하직원에게 무작정 던지고 싶지 않았다. 그래서 혼자 머리를 싸매고 직접 분석작업을 한 것이었다. 자기 확신이 섰을 때 비로소 부하직원에게 올바른 방향을 전달하고자 했다. 앨런은 책임감이 강하고 부하직원을 배려할 줄 아는 진중한 팀장이었다.

앨런은 정도 많았다. 회식이나 모임이 있는 날이면 늘 그 자리에 있었다. 사람을 좋아했고 회사 일을 함께 고민하는 것을 좋아했다. 나와 앨런은 사무실 안팎에서 일주일에 몇 차례씩 늦은 밤까지 열띤 토론을 벌이곤 했다. 직급에 상관없이 싫은 소리하는 걸 두려워하지 않는 용기가 있었고, 감정에 치우치지 않고 객관적인 의견을 늘 유지하는 사람이었다. 이렇듯 그는 업무적인 성공에만 미친 사람이 아니었다. 자유로운 영혼의 소유자였다고나 할까.

앨런은 신주新竹에서 타이베이臺北까지 매일 기차로 출퇴근을 했다. 타이베이에서 근무하는 직장인이 신주에서 출퇴근하는 경우는 극히 드물다. 고속철도로도 1시간이나 걸리는 거리이기 때문이다. 앨런이 군이 이런 불편을 감수하는 이유는 부모님에게서 물려받은 집이 신주에 있었고, 아내가 그곳에서 댄스학원을 운영하고 있기 때문이었다. 앨런은 집을 고치고 싶어 했으며 아내의 사업도 성공시키고 싶었다. 그래서 댄스 강사 자격증을 따려고 회사일과 댄스 연습을 열심히 병행했다. 주변의 이목이나 사회적 잣대보다 자신만의 감정과 행복을 소중하게 여겼다.

내가 앨런이 특이하다고 느꼈던 이유는 회사에서 인정받는 능력에도 불구하고 더 큰 욕심을 내지 않고 자신의 삶을 더 중시하는 태도였다. 그는 뛰어난 능력으로 성공적인 경력을 쌓을 수 있는 기회가 많았다. 특히 중국 본토로의 전직은 큰 기회였다. 내가 대만에서 일할 때 소위 일 좀 한다는 사람들은 죄다 중국 본토로 넘어갔다 해도 과언이 아닐 정도로 많은 인재가 본토로 이직하고 있었다. 같은 언어를 쓰고, 문화적으로 통하는 부분이 많은데다 이미 경제성장의 중심은 중국으로 넘어간 지 오래였기 때문이었다. 앨런이 마음만 먹으면 중국으로의 이직은 아무 때나 할 수 있었다.

성공과 행복의 갈림길

그럼에도 불구하고 앨런은 중국으로의 이직에 부정적이었다. 회사에서 몇 차례 전직을 제안했지만 계속 거절했다. 나는 이해가 되지 않았다. 앨런은 중국이 그냥 싫다고 했다. 대만인은 본토 사람과 정서적으로 안 맞는 구석이 있다. 역사적, 정치적인 긴장관계도 그렇지만 대만인은 중국보다 30년 정도 먼저 자본주의를 경험했기에 공산주의인 본토 문화는 이질적이었다. 게다가 앨런은 귀향이라는 개인적 소망과 직장인으로서의 성공 사이에서 끊이지 않는 고민 때문에 중국 전직은 삶의 우선순위가 아니었다.

내가 대만에서 떠나고 몇 년이 지난 후 앨런은 뒤늦게 중국행을 결심했다. 그때도 나는 앨런에게 국제전화를 걸어 잘했다고 부추겼다. 앨런만큼 업무를 잘해내고 높은 실적을 올릴 사람은 없다고 확신했기에 옳은 선택을 했다고 응원했다. 하지만 앨런은 중국 본토 회사로 이직한 후 1년을 못 채우고 퇴직했다. 대만의 신주로 돌아가 부인과 함께 댄스학원을 운영하며 살기로 결심한 것이다.

"앨런, 기분이 어때?"

"아주 충만한 느낌이야. 중국 본토에서 일하는 것에 대한 미련이 모두 없어졌거든. 그곳은 내게 맞지 않아. 하지만 가보지 않았다면 계속해서 미련이 남았겠지."

"하지만 대만에서 다시 취직해서 일할 수도 있잖아?"

나는 안타까운 마음으로 물었다.

"직장인으로서의 성공과 개인으로서의 행복은 양립될 수 없다고 생각해. 난 회사원 체질이 아닌 것 같아."

이렇게 앨런은 회사를 떠났다. 지금 그는 신주에서 부인과 함께 영혼에 충실한 삶을 살고 있다.

앨런의 선택은 옳았을까? 과연 직장인에게 행복은 무엇이고 성공은 무엇일까? 앨런의 고민은 비단 그 혼자만의 것은 아니다. 동시대를 살아가는 우리도 똑같은 고민을 하는 처지에 놓여 있다.

행복하고 싶은 개인

"부러우면 지는 거야."라는 말이 한동안 유행했다. 21세기를 사는 우리의 고민을 너무나 재미있게 잘 표현하는 말이다. 표면적으로 생각해보면, 이 말이 공감을 얻는 이유는 자신을 존중하라는 뜻이기 때문이다. 그것이 물질이든 다이어트든 연애든 타인의 성공을 부러워하기 시작하면 끝이 없다. 그러니 나만의 행복을 추구하자는 것이다. 듣기만 해도 마음이 편하고 공감이 간다.

하지만 속뜻을 곰곰이 되씹어 볼 필요가 있다. 엄밀히 생각해보면 우리는 늘 남과 비교하며 살고 있다는 뜻이다. 부인할 수 없는 현실이다. 무의식적으로 타인과 나의 연봉, 직급, 재산을 비교하며 살아간다. 그러다 보니 때로는 너무 고통스럽다. 특히 내가 남보다 못할 때는 무척 스트레스를 받는다. 결국 "부러우면 지는 거야."라는 말의 속뜻은 타인과의 비교는 스스로를 힘들게 만드니 이제 그만두자는 뜻이다. 남과 자신을 그만 비교하고 진정한 나 자신을 찾자는 말이다. 이 말의 깊은 곳에는 이렇듯 우리의 아픔이 오도카니 앉아 있다. 왜 남과의 비교는 이토록 고통스러운 것일까?

그 옛날 기성세대부터 2015년 현재 대학생에 이르기까지 교육의 틀은 크게 바뀌지 않았다. 그 틀은 바로 비교다. 비단 학교교육만을 지칭하는 게 아니다. 집에서, 친구로부터, 친척으로부터, 언론으로부터 늘 등수와 점수대로 줄을 서도록 배워왔다. 그런데 비교라는 틀에 기초한 교육으로 배우고 자란 기성세대에게 "남과의 비교가 고통스러운가?"라는 질문을 던져보자. 기성세대가 비교에 대해 느끼는 스트레스는 우리 세대와는 비교가 안 될 정도로 얄팍하다. 자신이 가진 것이 남보다 적을지라도 비교적 무탈하게 살아간다.

왜 그럴까? 50대 이상의 세대에겐 항상 어제보다 내일이 나았기 때문이다. '세계사에 유래 없는' 경제성장의 시절에 청춘을 보낸 그들이 받은 비교 스트레스는 더 나은 내일이 가져다주는 금전적 보상으로 충분히 덮어지곤 했다. 그것이 월급이건 부동산 투기건, 누구에게나 더 잘살 수 있는 기회가 있었다.

그렇기에 '부러우면 지는' 사람은 기성세대가 아니라 30대 이하의 젊은 계층이다. 그들에겐 남과의 비교가 너무 버겁다. 지금의 20~30대에겐 내일이 오늘보다 나을 것이라는 희망이 전혀 없다. 30대 이전에 취직하면 처음에는 꿈을 이룬 것 같지만 40대가 되기 무섭게 명예퇴직이 기다린다. 남들이 부러워하는 대기업에 다니는 사람도 전세비와 사교육비에 월급이 휘청거리니 저축은 꿈도 못 꾼다. 죽어라 자기계발을 해봤자 직장에서 성공한다는 보장도 없다.

현실은 이리도 삭막한데 삶의 기준은 높아져 버렸다. 부모세대는 정부심사를 받아야만 가능했던 해외여행이 우리에겐 사치일까? 아니다. 요즘은 경제적 여유가 있어서 해외여행을 가는 것은 자연스러운 소비라 여긴다. 여유가 안 돼서 여행을 못 가는 처지가 안타까울 뿐이다. 부모세대는 세금조사를 받을 정도로 금기시되던 외제차를 산다는 것이 사치일까? 아니다. 능력이 돼서 수입차를 사는 사람을 이상한 눈으로 보는 사람은 없다. 요즘 세대는 능력이 안 돼서 수입차를 못 사는 처지를 통탄할 뿐이다. 미래는 불확실한데 눈높이는 낮아지지 않고, 그래서 비교는 더더욱 우리를 고통스럽게 만든다.

결국 "부러우면 지는 거야."라는 말은 포기하라는 강요다. 비교의 고통이 너무 감내하기 힘드니 편안한 곳으로 도피하자는 권유다. 이 말이 주는 사회적 의미는 '피해도 괜찮아. 져도 괜찮아'라는 뜻이다. 힐링의 또 다른 표현이다. 그렇게 마음의 힐링을 하고 현실로 돌아온다. 그리고 '저녁이 있는 삶'을 추구한다. 행복하길 원하고 나와 가족의 행복을 지키고 싶으니까. 그런데 우리는 행복을 지키는 방법을 정말로 알고 있는가? 아니면 그저 현실로부터 도피하고 있는가?

성공하고 싶은 직장인

"쯧쯧, 요새 젊은 것들은 눈은 높아가지고 고생하기는 싫어하고……. 영 글러 먹었어."

기성세대가 젊은 세대에게 눈높이를 낮추고 현실에 순응하라며 준엄하게 꾸짖는 목소리는 좀처럼 사그라지지 않는다. 과잉 학력이라는 주제는 수년 동안 언론에서 거론되고 있다. 기업 입장에서는 일자리 없는 저성장 시대에 넘쳐나는 대졸자가 굳이 필요없다는 말이다. 기술을 가진 초대졸자, 생산라인에 투입될 수 있는 고졸자가 더 필요하단다. 그래서 젊은이들에게 언론과 재계는 눈높이를 낮추라고 주문한다. 심지어는 과잉 학력의 문제를 풀면 국내총생산이 1% 상승한다는 경제연구소의 분석도 있다.

논리의 진실성을 떠나 과잉 학력은 한국기업의 현주소를 잘 보여준다. 지난 60년 동안 변하지 않은 한국경제의 방정식은 이렇다. 생산업은 서비스업보다, 수출은 내수보다, 낮은 납품가는 제품의 부가가치보다, 매출외형은 순익보다 늘 도덕적으로 우위에 서 있다. 경제 생산성의 핵심에 있는 기술개발은 국가와 기업이 독점적으로 추진하면서 속도전을 가능케 했고, 그렇게 '한강의 기적'을 만들었다. 이 사고방식에서 볼 때, 생산라인의 노동력 투입량 부족은 그야말로 국가적 재앙이다. 경영자는 초사회적 지위까지 부여받은 상태이기에 과거의 시대착오적 성공방정식을 고집해도 저항하는 사람도 없다. 결론적으로 과잉 학력의 이면에는 한국경제와 기업이 아직까지는 전적으로 공장경제형이라는 인식이 깔려 있는 셈이다.

생각해보자. 공장주가 공장을 24시간 돌려야 겨우 생존할 수 있는 현실에서 직원들이 '저녁이 있는 삶'을 요구한다는 것은 참으로 곤혹스러운 사회적 흐름이다. 일본을 쫓아가며 여태 힘겹게 이뤄놓은 성공은 이제 빛이 바랬고, 점점 우리 뒤를 좇는 중국 기업의 추월을 두려워하며 하루하루 버티는 것조차 힘든데 직원에게 주어야 하는 권리는 점점 많아진다. 국내 굴지의 대기업이라 해도 사정은 마찬가지다. 삼성전자, 현대자동차 등 대기업은 생산기지를 외국으로 옮기고, 초인적 집중력으로 기술력을 확보하고, 글로벌 영업력을 유지하려 노력하고 있다.

자타가 공인하는 성공한 대기업조차 얼마나 직원들이 '저녁이 있는 삶'을 누리는 것에 긍정적인지는 큰 의문이다. 자칫 한 번의 경영위기라도 오면 저녁은커녕 휴가도 없다. 그러면서 역설적으로 직원에게 자기계발이 강요된다. 회사가 성공하면 회사가 잘나서 그렇고, 회사가 어려우면 부족한 직원 때문이다. 그러니 시키는 대로 직원은 열심히 외국어를 공부하고 시간관리 기술을 익히란다. 하지만 회사 속내를 들여다보면 정말로 요구하는 것은 자기계발이 아니라 충성심과 성실성이다. '안 되면 되게 하라'는 '투지와 도전'이다. 슬프게도 한국의 현실에서 여전히 직장인의 성공방정식은 진정한 의미의 자기계발이 아니라 새벽별을 보며 출근하고, 달을 보며 퇴근하는 것이다.

자기계발과 힐링. 이 대립은 세기적 충돌이다. 직장인의 성공과 개인의 행복이 한계점에서 대립하고 있다. 그러면서 우리는 이 대립의 해결을 양자택일적인 것으로 받아들인다. 앨런이 그랬던 것처럼 개인의 행복과 직장에서의 성공 중 하나를 선택해야 한다고 생각한다. 대만인이 처한 상황도 한국과 그리 다르지 않다. 수출 위주의 경제, 국가와 기업이 개인보다 중요하다는 사회 분위기, 물질적 성공에 따른 경쟁 압박, 정체된 기업 성장이 직장인의 현실이다. 그 압박에 지친 개인은 자신의 목소리를 찾아나선다. 놀라울 정도로 한국 상황과 비슷하다. 그 충돌 속에서 앨런은 자신의 길을 선택했다. 회사에서 성공과 개인의 행복이 양립하는 길은 없다고 확신했다. 그런데 과연 그럴까?

제3의 길은 정말로 없는 것일까?

뒤바뀐 세상의 키워드, 생존

제3의 길을 찾기 위해서는 먼저 눈을 부릅뜨고 세상을 이해해야 한다. 세상에 대한 통찰력 없이는 자기계발도, 힐링도 답이 되어주지 못한다. 세상이 뒤바뀌고 있다.

세계경제는 이미 저성장 단계로 진입했다. 산업사회는 끝났고 혁신경제가 세계를 이끌어가고 있다. 주식가격으로 평가하는 기업의 시가총액을 보면 미국에서는 애플과 페이스북, 구글 등의 기업이 이미 수위를 차지하고 있다. 서구뿐이 아니다. 최근 삼성을 위협하는 중국의 스마트폰 후발주자 샤오미의 시가총액은 이미 50조 원이다. 2년 만에 현대자동차보다 큰 회사가 되었다. 공장경제에는 더 이상 미래가 없으며, 창의력 없는 개인·기업·국가에겐 더더구나 미래가 없다. 소프트웨어가 세계를 집어삼키고 있기 때문이다. 〈월스트리트저널〉에 실린 마크 앤드레센의 〈왜 소프트웨어가 세상을 집어삼키고 있는가?〉에 따르면 인터넷 기업뿐만 아니라 유통업, 정유업, 금융업, 의료업, 교육, 군수업에 이르기까지 소프트웨어가 산업의 패러다임을 바꾸고 있다.

세계경제의 단일화는 갈수록 빨라진다. 기업경쟁에 국경이 없어지니 승자독식 시절이 된다. 자유무역협정FTA을 체결할 때는 몰랐던 세계경제권으로의 예속이 얼마나 무서운 것인지 하나씩 실감한다. 2014년 말에 이케아는 한국에 세계 최대의 매장을 열었다. 이로 인해 기존 가구업체는 곧 위기에 직면할 것이다. 한국의 전자결제시스템이 선진화되면 곧 아마존도 들어올 것이며 기존의 인터넷 쇼핑 회사들, 심지어 대형마트도 살아남을 수 있을지 의문이다.

단일 경제에서의 생존경쟁이 기업에게만 해당되는 이야기가 아니다. 개인도 세계경쟁 중이다. 선진국 사이의 인재유치 전쟁은 이미 시작되었다. 앨런과 같은 대만인들에게는 적어도 중국시장이라는 기회가 있다. 같은 언어와 문화권이라는 이점을 안고 지난 10여 년 간 많은 대만인들과 화교권 인재들은 중국에서 취업과 사업 기회를 얻었다. 하지만 한국인에게는 그런 기회조차 없다. 공정자동화와 단순 행정업무의 컴퓨터에 의한 대체는 점차 중산층의 직업을 빼앗아가고 있다. 예전의 '좋은 일자리'가 더 이상 무작정 좋은 일자리가 아니다. 인재에 대한 변별력은 더욱 커지고, 새로운 지식 없이는 일자리 잡기도, 직장에서의 성공도 만만치 않다.

그러나 뒤바뀐 세상을 먼저 알아차리고 준비해야 하는 경제관료나 언론은 이 변화에 속수무책으로 둔감하다. 기득권이 주는 안락한 혜택에만 안주하고 있다. 15년 전, 우리나라에 IMF 외환위기가 왔을 때도 그랬다. 괜찮다고, 움직이지 말고 가만히 있으라고 했다. 그리고 우리의 부모님은 옷장 깊숙이 간직했던 금덩이를 자진해서 내놓았다. 그 후 재벌의 영향력은 더 커졌고, 기업수익의 편중도 심화됐다.

새로운 세상의 키워드는 '생존'이다. 이 사실을 먼저 깨달아야 한다. 힐링도, 자기계발도 아니다. 생존이 제3의 길이다. 생존의 의미는 옛날과 다르다. 먹고 살 것이 부족해서 생존하자는 의미가 아니다. 죽자살자 일만 하자는 산업사회 시절의 헝그리 정신도 아니다. 공장경제 시절과는 전혀 다른 새로운 시대가 왔는데, 그 뒤바뀐 세상을 모르고 있다는 사실 자체가 생존을 위협한다.

세상은 혁신경제 시대로 변했는데도 한국기업은 여전히 공장경제 시절 제조업체 마인드로 뒤처진 기술발전을 메우기 위해 노동강도를 높이려 한다. 세계화를 더 발전시키고 지식경제를 더 활성화시키려 노력하지 않는다. 단기실적을 여전히 신성시한다. 기업 순익이 중요하지 않고 표면에 드러나는 매출 크기만 중요하니 몸집이 크면 무조건 좋다는 대마불사大馬不死의 꿈에서 벗어나지 못하고 있다. 창조경제를 하고 싶지만 방법을 모르니 애꿎은 직원들에게 창의적인 사람이 되라고 윽박지른다. 조직 안에서 한 명의 직원은 여전히 일개 부품일 뿐이라서 그렇다.

개인은 어떤가? 아직도 직장인은 위계질서 조직에서 부품 역할을 충실히 해내면 시장에서 정해진 월급을 받을 권리가 있다고 믿는다. 대학을 나오고, 입사시험을 통과하고, 토익점수를 높이고, 승진시험을 통과하고 나면 월급은 요지부동의 전리품이라 착각한다. 개인이 실제로 생산해내는 결과물의 경제적 가치는 모른다. 관심이 없다. 개인은 산업경제의 부품이기 때문이다. 이른바 고시문화다. 시험으로 사람의 능력을 재단해놓고 거대한 공장경제의 부품으로 끼워 맞춘다. 한번 끼워 맞춰진 직업은 영원하다. 때로 직업은 사회계급이 된다. 산업사회 정중앙을 통과하면서 이러한 직업 인식은 통했다. 사람마다의 차별성이나 개별성이 중요치 않았다. 표준화된 지식의 틀이 더 중요했다. 시절이 뒤바뀌었는데도 살아가는 방법은 그대로니 우리의 삶은 나아질 기미가 보이지 않는다.

직장학교를 개강하며

자기계발과 힐링은 시대에서 살아남기 위한 나름대로의 방법이다. 현재를 뛰어넘는 실력 있는 직장인이 되려면 끊임없이 자기계발을 해야 하고, 인간으로서 자존감을 잃지 않으려면 생채기 난 마음을 다스리고 힐링을 해야 한다.

그런데 2가지 요소가 직장인에게 반드시 필요한 시대의 요구라고 주장한다면 동의할 수 없다. 당장 살아남기도 힘든 혁신경제 시대에 도대체 무엇을 계발하는지도 모르면서 어떻게 자기계발을 한단 말인가? 당장 세상이 뒤바뀌고 있는데 공장경제 시절의 처세술, 화술, 시간관리 기법이 생존에 도움이 될 수 있을까? 살아남기도 어려운 시절에 '나는 괜찮다'고 스스로를 쓰다듬을 수 있는 마음의 여유가 도대체 어디에서 나온단 말인가. 주말 동안 지친 심신을 힐링해봐야 월요일에 출근하면 내 일자리는 저절로 안녕해지는가? 그렇지 않다. 다람쥐 쳇바퀴 굴리듯 매일매일 똑같은 야근의 반복이다.

이 시대에 살아남기 위해 우리는 상상하는 것 그 이상으로 많은 것을 새로 배워야 한다. 그 배움은 어렵기도 하고 쉽기도 하다. 배워야 할 분량이 많지는 않다. 그래서 쉽다. 당신의 영어 실력은 기성세대보다 월등하다. 국제경제에 대한 기초지식도 나쁘지 않다. 직무지식도 어쩌면 세계 최고 수준일 수 있다.

배워야 할 것들은 지식의 양이 아니다. 새로운 시각과 깨달음이다. 뼛속까지 뿌리내린 낡은 성공방정식의 습관으로부터 탈출하는 것이다. 그래서 어렵다. 습관을 바꾼다는 것은 상상 이상으로 어렵다. 설사 세상이 바뀌었다는 것을 자각했다 해도 어렵다. 사고방식의 변화는 늘 환경이 변한 후에 일어나기 때문이다.

이 책에서 중점적으로 배울 것은 다름 아닌 '어떻게 생각을 바꿀 것인가?'이다.

이제는 직장에 대한 개념을 달리 가져야 한다. 고생해서 얻은 학벌의 전리품이 아니라 능력과 보상의 교환이라 생각해야 한다. 기업의 비전이 당장 다음 달 매출액에 있는 것이 아니라 고객에게 어떤 가치를 전달하는가에 있어야 한다. 직장인은 그 가치를 창조하기 위한 자신의 노동에 어떤 의미가 있는지 몰두해야 한다. 나이와 연차, 연봉이 직업을 대변하는 것이 아니라 개인마다의 삶의 의미가 직업선택과 경력계획의 중심에 있어야 한다. 창조경제라는 정치 슬로건이 중요한 게 아니라 실제로 개인의 창의성을 존중하고 육성하는 방법이 중요하다. 매출실적을 위한 무조건적 충성이 아니라 토론을 존중하고 실용적인 의사결정을 내릴 줄 알아야 한다.

이 책은 새로워서 힘들다. 아무도 가보지 않은 길이어서 힘들다. 당신 혼자 변했다 해도 사회 전체가 산업경제 시절의 규격에 끼워 맞춰진 낡은 교육, 낡은 인습에서 벗어나지 못하면 소용이 없어서 어렵다. 『직장학교』는 그 생존의 여정에 대한 이야기다.

전혀 경험해보지 못한 새로운 레이스

생존의 레이스가 시작되었다. 시속 300km의 자동차 레이스와도 같다. 좋든 싫든 당신은 그 안에 이미 들어와 있다. 미처 경험해보지 못한 냉혹한 자동차 레이스에서 어떻게 생존할 것인가?

세계경제가 단일화 되었다는 말은, 한국인이나 미국인이나 베트남인이나 같은 경제권에서 경쟁한다는 뜻이다. 가장 먼저 차의 성능이 준비되어 있어야 한다. 최고속도는 얼마인가? 소프트웨어가 왜 혁신경제를 이끌어 나가는지 알고 있는가? 지금 몰고 있는 차, 즉 당신의 직업, 회사는 공장경제형인가, 혁신경제형인가? 회사의 경영전략은 혁신경제에서 생존할 수 있을 정도로 탄탄한가? 아니라면 차를 업그레이드하라. 업그레이드에 필요한 지식의 원천을 찾아 공부하라. 업그레이드가 안 된다면 갖은 방법을 동원해서 차를 갈아타라.

당신이 레이스에서 살아남을 수 있는 차를 구비했다고 치자. 레이싱카를 몰아본 적이 있는가? 상용차와 레이싱카는 전혀 다르다. 최첨단 장치를 쓸 줄 아는 운전기술이 필요하다. 지금까지의 시내주행기술은 잊어라. 레이싱카를 몰다가도 어느 순간에 일반 승용차를 몰듯 운전을 하게 될 것이다. 습관 때문이다. 높은 입사시험 점수가 세계일류의 창의성을 보장하지 않는다는 점을 명심하라. 만점에 가까운 토익점수라 해도 글로벌 비즈니스와는 아무 상관이 없다는 점을 자각하라.

레이스에는 도로교통법 따윈 없다. 반칙이건 아니건 충돌은 빈번하고, 눈 깜박하는 사이에 트랙에서 벗어나기 일쑤다. 잘 달리다가도 한순간의 실수로 뒤처진다. 실수를 조심하고 극복할 줄 알아야 한다. 실수했다고 화를 내며 통탄할 시간적 사치가 없다. 어렵게 입사한 회사가 망했다고 남 탓을 할 여유가 없다. 당신의 제안이 채택되지 않았다고 열 받을 시간이 없다. 빨리 트랙으로 돌아와 레이스에 집중하며 생존해야 한다.

수십 바퀴를 도는 레이스에는 강한 체력과 집중력이 필요하다. 뛰어난 차량 성능도, 레이싱 기술도, 실수를 극복하는 정신력도, 인내심 없이는 소용없다. 대학 4년 동안의 입사시험 준비가 인생의 최종 결론이 아니다. 입사 후 5년, 10년을 생존했다 하더라도 레이스는 여전히 초반이다. 앞으로는 하나의 직업으로 평생을 살아가는 시대가 아니다. 두 번, 세 번, 네 번 직업을 갈아타며 살아가는 혁신경제의 시대다.

『직장학교』에서 이 새로운 생존의 레이스 이야기를 듣게 될 것이다. 하지만 이 책이 당신의 레이스를 대신해 줄 수는 없다. 운전은 오롯이 당신의 몫이다. 레이스에 참여하는 것도, 차량을 선택하는 것도, 필요한 기술을 익히는 것도 모두 당신이 할 일이다. 다만 이 책이 당신만의 제3의 길을 찾아나서는 실마리가 되길 바란다.

자신의 불행을
생각하지 않게 하는
가장 좋은 방법은
일에 몰두하는 것이다

– 베토벤

실전 특강

다음의 질문에 답하라. 이 책을 다 읽은 후 다시 돌아와 그 답이 옳았는지 곱씹어 보라. 당신에게 제3의 길이 어떤 의미로 다가왔는지 생각해보라.

1. 성공이란 무엇인가?

❶연봉

❷승진

❸일에 대한 개인적 만족

❹일과 삶의 균형

❺기타 (   )

그 답이 당신만의 정의인지, 아니면 타인의 정의인지 확연히 구분할 수 있는가?

2. 행복이란 무엇인가?

❶가족의 화목

❷직장에서의 성공(연봉, 승진)

❸개인적 취미의 추구

❹일과 삶의 균형

❺기타 (   )

그 답이 당신만의 정의인지, 아니면 타인의 정의인지 확연히 구분할 수 있는가?

3. 직장이란 무엇인가?

❶연봉을 받는 곳

❷개인의 꿈을 이루는 곳

기타 (   )

그 답이 당신만의 정의인지, 아니면 타인의 정의인지 확연히 구분할 수 있는가?

4. 다음의 방정식이 가능한가?

직장 = 개인의 삶 = 성공 = 행복

가능하지 않다면 무엇을 포기할 것인가, 그 이유는 무엇인가?

방정식을 풀기 위한 당신의 해법은 무엇인가?

5. 당신이 속한 회사의 경쟁력은 어디쯤 있는가?

❶세계 수위권

❷세계 중위권

❸세계 하위권

❹한국 수위권

❺한국 중위권

❻한국 하위권

그 답이 당신만의 정의인지, 아니면 타인의 정의인지 확연히 구분할 수 있는가?

6. 직장인으로서 당신의 경쟁력은 어디쯤 있는가?

❶세계 수위권

❷세계 중위권

❸세계 하위권

❹한국 수위권

❺한국 중위권

❻한국 하위권

그 답이 당신만의 정의인지, 아니면 타인의 정의인지 확연히 구분할 수 있는가?

도대체 직장에서 무슨 일이 일어나고 있나?

제2강

경쟁력

세계는 좁고 할 일은 없다
세계경제는 단일화되었고
고연봉 직업은 귀해졌다

경력은 당신의 선택이지만
그 결과는 마음대로 되지 않는다
귀를 쫑긋 세우고
한국 밖에서 일어나는 일들을 알아야 한다
그 속에서 당신의 경쟁력을 알아야 한다

"이제 넌 어쩌니?"

찰리가 던진 질문은 경쟁은 과연 무엇인가를 깊이 고민케 하는 것이었다. 찰리는 내가 중국 상하이와 대만 타이베이를 오가며 일하던 시기에 만난 상사였다. 1년 동안 함께 일한 그는 단순한 상사 이상이었다. 진심으로 신뢰하는 선배이자 친구였다. 영국이 고향인 찰리는 전형적인 글로벌 유목민으로 30년 전 고향을 떠나 미국, 홍콩, 두바이, 말레이시아, 중국 등 여러 나라에서 다국적기업 주재원으로 일해왔다. 함께 일할 때 찰리는 가족과 생활 기반이 홍콩에 있었기 때문에 근무는 홍콩에서 하면서 중국과 홍콩, 대만을 담당했다.

초반에 그는 상당히 까다롭게 내 생각과 의견을 따졌다. 그리고 직설적이었다. 깊게 파인 미간주름은 냉소적인 인상을 풍겼다. 직설적인 말투도 듣는 사람에 따라 공격적으로 혹은 다혈질로 비춰지기도 했다. 처음엔 껄끄러웠지만 차차 알게 된 그의 성격은 다혈질이라기보다는 열정적이었고, 일 욕심이 많고 똑똑한 사람이다 보니 확신이 강할 때는 밀어붙이는 스타일이었다.

욕심이 많다는 면에서 나와는 잘 맞았다. 생각하는 스타일은 달랐지만 통하는 구석이 많았다. 6개월 정도 함께 일한 후로는 죽이 맞는다는 표현이 어울릴 정도로 친해졌다. 개인적으로도 함께 시간을 많이 보냈다. 이곳저곳 출장도 같이 다녔고, 개인적인 술자리도 적지 않았다. 1년쯤 지난 어느 날, 찰리는 개인 사정으로 갑자기 퇴사를 했고, 회사를 떠나기 며칠 전에 단 둘이 조촐한 송별회를 가졌다. 맥주를 마시며 나는 큰형 뻘되는 찰리에게 그동안 묻고 싶었지만 마음속 깊이 간직해두었던 질문을 던졌다.

"앞으로 어떻게 해야 찰리처럼 국제적인 경력을 성공적으로 쌓을 수 있을까요?"

나는 당시 해외주재원으로 파견된 지 얼마 되지 않은 상황이었기에 30년 가까이 글로벌 유목민으로 살아온 찰리에게서 조언을 듣고 싶었다.

"나야 내 경력을 날로 먹었지. 하지만 넌 이제 어쩌니?"

찰리는 걱정스러운 어조로 물었다. 나는 고개를 갸우뚱했다.

"그게 무슨 뜻이죠?"

"내가 처음 영국을 떠나 아시아에서 일할 때는 주재원들이 온통 미국 애들, 영국 애들밖에 없었어. 그런데 요즘은 인도 애들, 러시아 애들, 중국 애들, 브라질 애들, 터키 애들, 레바논 애들……. 거의 UN 분위기잖아."

"그래서요?"

"자신을 객관적으로 잘 돌아봐. 다국적 인재들 속에서 네 경쟁력이 어디쯤 와 있는지. 전략수립 능력, 독서량, 의사소통력, 리더십, 대인관계, 신 경영기법에 대한 지식, 직원개발 능력, 다국적 문화에 대한 이해와 경험.... 이런 요소들 말이야. 이젠 유럽이나 미국 인재들만 그런 능력을 갖고 있는 게 아냐. 전 세계 친구들이 동시에 무한경쟁을 하고 있다고."

찰리는 거기에서 말을 멈췄다. 한동안 정적이 흘렀고, 나는 말없이 고개만 끄덕였다.

전면적 경쟁의 시대가 시작되었다

찰리와 함께 일하던 중국 회사에는 무려 10개국이 넘는 다양한 국적의 직원들이 근무하고 있었다. 그 상황에서 나의 객관적 실력에 대해 찰리가 해준 조언은 뼛속 깊이 와닿았다. 그 동안 내 경력만 걱정하고 있었지 세계 인재시장의 현황에 대해서는 심각하게 고민한 적이 없었다는 것을 깨달았다. 그의 냉철한 조언이 진심으로 고마웠다.

그 시절 중국에서는 인재를 찾기가 너무 어려웠다. 다국적기업, 중국기업 할 것 없이 내수시장의 폭발이라는 큰 기회를 놓칠 수 없었고, 그 덕분에 인재유치 경쟁이 심했다. 특히 다국적기업에게는 진출한 지 오래되지 않은 중국에서의 인재 채용은 큰 숙제였다. 안정적 인재 수급은 비즈니스의 기본인데, 영어를 구사할 줄 알고 다국적기업에서 근무한 경험이 있는 중국 본토 인재의 공급이 수요를 미처 따르지 못했다. 근무한 지 1년을 채우기 무섭게 이직하는 일이 비일비재

했다. 우리나라로 치면 차장급 매니저를 뽑으면 1년 정도 경력을 쌓고 다른 회사에 바로 상무로 옮겨가는 경우도 종종 있었다.

이 전쟁에는 중국의 국영기업까지 뛰어들었다. 2000년대 중반까지는 중국 젊은이들이 선호하는 기업은 모두 다국적기업이었으나 요즘은 칭화대清華大나 베이징대 학생과 같은 최고의 인재들에게 바오스틸Baosteel, 뉴소프트Neusoft와 같은 국영기업도 10위 안에 든다. 젊은 인재를 대상으로 공격적 마케팅을 펼친 결과다.

이후 중국 인재시장은 대만과 홍콩, 싱가포르 인재까지 흡수했다. 특히 국제 경험이 풍부하고 영어를 잘하는 대만인, 홍콩인은 지지부진한 본국을 떠나 활황의 중국으로 이직하는 것을 마다하지 않았다. 그 상황에서 '인재 송출국'에게는 곧바로 인재 가뭄이 들이닥쳤다. 조금이라도 똑똑하다는 사람은 죄다 중국 본토로 넘어갔다 해도 과언이 아니었다. 범중화권 인재만이 아니었다. 중국어를 구사하는 서구의 인재들도 중국의 대도시로 몰려들었다. 향후 10년, 20년을 바라보고 중국이라는 세계 최고의 성장시장에 승부수를 던진 것이었다. 찰리의 말대로 국적은 더 이상 무의미했다.

"너도 10년 동안 다국적기업에서 일해 왔잖아. 곰곰이 생각해봐. 얼마나 많은 업무 프로세스가 국제화되었는지."

찰리의 말은 사실이었다. 주재원 자리를 놓고 벌이는 인재들 사이의 경쟁뿐만이 아니었다. 내가 몸담았던 다국적기업은 단순 회계업무를 비싼 임금의 선진국에서 빼내 저렴한 임금의 동유럽이나 중국 등지로 옮겼다. 예전에는 업무비용을 신청하려면 같은 건물 안에 있는 재무팀에 서류를 제출했다. 이제는 그 서류가 중국의 공동서비스센터Shared Service Center로 간다. 서울, 도쿄, 싱가포르, 홍콩에 있던 재무팀은 사라졌다.

IT 지원부서의 국제화는 더 일찍 시작되었다. 인도나 필리핀 등 영어소통이 원활한 나라로 속속 빠져나갔다. 컴퓨터에 문제가 있으면 예전에는 내 자리에서 10m 정도 떨어진 IT 지원부서로 걸어가 고쳐달라고 부탁했다. 요즘은 IT 헬프데스크에 전화를 걸면 영어로 어디에선가 응대한다. 그곳이 필리핀인지 호주인지 인도인지 나는 모른다. 하도 자주 바뀌니 알고 싶지도 않다. 소프트웨어에 문제가 있으면 원격으로 문제를 해결해주고, 하드웨어에 문제가 있으면 사무실에 상근하는 외주업체의 누군가가 와서 고쳐준다. 물류업무 역시 마찬가지였다. 예전에는 물류에 문제가 발생하면 미국, 영국, 프랑스 등 해당 국가의 담당자와 직접 통화를 해야 했다. 요즘은 싱가포르에 전화를 건다. 그러면 전 세계의 물류 동향을 다 알아서 설명해준다. 이런 식으로 선진국에서는 많은 직종이 사라져갔다.

이제 일자리를 둘러싼 경쟁은 실로 국제적인 전면전이다. 세계대전이다. 한 사무실, 한 기업, 한 국가 차원에 머무르지 않는다. 임원급 주재원뿐만 아니라 단순 행정직도 그렇다. 앞으로 이 경쟁은 더더욱 심화될 것이다. 도대체 지금 직장에서는 무슨 일이 일어나고 있는 것일까?

더 이상 개인을 보호해주지 않는다

예전에는 국가와 기업이 경제를 발전시키고 그 결과로 직장인이 잘살게 되는 것이 경제성장 공식이었다. 그러나 그 공식은 무너지고 있다. 경제학자들은 이 현상을 탈동조화De-coupling라 부른다. 그런데도 우리는 예전의 공식이 여전히 작동한다는 착각 속에서 살고 있다.

애플의 스티브 잡스가 사망하기 얼마 전, 오바마 대통령은 캘리포니아에서 실리콘밸리의 벤처 캐피털리스트 존 도어John Doerr의 자택에서 IT 테크놀로지 기업 리더들과 저녁을 했다. 구글의 에릭 슈밋Eric Schmidt, 페이스북의 마크 주커버그Mark Zuckerberg 등 쟁쟁한 미국의 기업 리더들이 참석해 많은 사람의 관심을 끈 특별한 모임이었다. 이 자리에서 이루어진 오바마와 잡스 사이의 대화는 유명한 일화가 되었다. 오바마가 잡스에게 물었다.

"어떻게 하면 아이폰을 미국에서 만들 수 있나요?"

"그 일자리는 돌아오지 않아요."

잡스는 딱 잘라 답했다. 상당히 확정적인 어투였다. 이 일화는 2012년 1월 22일 〈뉴욕타임스〉에 '미국은 어떻게 아이폰 일자리를 잃었는가'라는 제목으로 실렸다.

아이폰 1대 당 원가를 보면, 중국의 팍스콘Faxconn의 조립비는 4%에 지나지 않으며 나머지 96%의 부품원가는 한국, 일본, 대만 등 동아시아 선진국 몇 나라에 흩어져 있다. 예컨대 일본의 DRAM이

5%, 한국의 프로세서가 9% 등이다. 여기에는 2가지 의미가 있다. 첫째, 단순 조립의 일자리가 미국으로 돌아온다 해도 오바마가 원하는 큰 규모의 일자리 창출은 없다는 점이다. 둘째, 얽히고설킨 동아시아 부품공급망은 1980년대부터 탄탄히 쌓아온 최고의 원가경쟁력을 지녔기에 미국이 갑자기 그것을 빼앗아 올 수 없다는 점이다. 이 배경 지식을 잘 알지 못하면 오바마처럼 공장을 미국으로 옮기면 일자리가 돌아온다는 착각을 하게 되는 것이다.

전 세계를 상대로 비즈니스를 하는 미국 기업들이 자국민에게 일자리를 줄 필요도, 그럴 의무도 없다. 미국 기업의 의무는 투자자의 이익을 우선하는 것이지 특정 국가에서 대규모 고용을 창출해내는 것이 아니다.

세계경제는 단일화되었고, 그 단일 경제권 안에서 국가 장벽은 무너졌다. 단지 그것을 피부로 느끼지 못할 뿐이다. 2012년 기준으로 전 세계 총생산의 36%가 서로 연결되어 있다는 보고도 있다. 이는 1980년 대비 10배 규모다. 맥킨지글로벌연구소에 따르면 이 '연결' 규모는 2025년 즈음에는 50% 정도까지 이를 것이다.

특히 자본에는 국적이 없어졌다. 중국 최대(나아가 세계 최대) 규모의 전자상거래 회사 알리바바는 2014년 9월 19일 미국 증시에 상장되었다. 미국 자본을 유치한다는 말이다. 그런데 알리바바의 최대 주주 중 하나는 일본의 소프트뱅크다. 이럴 경우 누가 주인인가? 한편 소프트뱅크는 야후 재팬의 주인이다. 미국 야후에 라이선스 비용을 내면서 그 브랜드를 쓰는데 정작 검색엔진은 구글을 사용한다. 소프트뱅크는 2013년 미국의 최대 통신사 중 하나인 스프린트Sprint를 인수했다. 자, 그렇다면 소프트뱅크가 버는 돈의 국적은 어디인가?

한국회사 네이버는 일본에 라인Line 비즈니스를 오픈하면서 투자했다. 당연히 일본 현지 직원을 대거 채용했다. 한국 정부가 그 일자리를 한국으로 되돌리게 할 수 있는가? 미국의 유명 골프용품 타이틀리스트Titleist는 한국의 패션기업 필라Fila가 주인이다. 2007년, 한국 필라 지사는 100년 가까운 전통의 이태리 필라 본사를 역인수했다. 이 경우 직원의 국적이 중요할까? 이러한 사례는 끝이 없다. 영국의 자존심인 재규어와 랜드로버의 주인은 인도 회사 타타그룹Tata Group이다. 현재 한국증시 전체의 30% 이상이 통상적으로 외국인 지분이다. 심지어 삼성의 최대 주주그룹은 이건희 회장 일가가 아니라는 사실을 아는가? 삼성 주식의 절반 이상을 외국인이 보유하고 있다. 세상이 이렇게 돌아가고 있는데도 한국경제가 한국정부에 의해 주도되고 한국기업들이 한국인의 일자리를 보호해줄 수 있다고 생각하면 큰 오산이다.

한국은 무역부문에서 세계 7위로 '세계와의 연결'이 활발하다. 40년 넘게 공장경제가 치열한 노력을 한 끝에 이루어낸 '무역대국'의 결과다. 2000년대까지는 그 연결의 힘으로 직장인이 그럭저럭 먹고 살았지만 최근에는 탈동조화 현상이 본격적으로 나타나고 있다. 한국금융연구원의 보고서 〈임금 없는 성장의 국제비교〉를 보면, 2007~2012년 사이 임금은 -2.3% 하락한 반면 노동생산성은 +9.8% 상승했다. 임금은 줄고 기업의 수익률은 좋아진 것이다. 한국의 많은 기업이 이미 생산기지와 판매망을 전 세계로 다변화했기 때문이다. 돈을 벌어도 굳이 한국 안에 일자리를 늘릴 이유가 없다. 이제 국가의 성공이나 기업의 성공이 더 이상 개인 소득을 보장하지 않는 시절이 됐다. 국가와 기업이 '나'를 보호해준다는 착각을 버려야 한다.

기계의 반격에 대비하라

직장인이 기업과 국가로부터 보호받지 못하는 이유는 세계경제의 단일화뿐만이 아니다. 기술 진보로 중산층의 직업이라 여겼던 많은 직무들, 특히 단순 행정업무가 사라지기 시작했다. 산업혁명 이후 인간에게 물질적 풍요를 안겨주었던 기계들이 점점 우리의 일감을 빼앗아가는 것이다. 이 반격의 주인공은 '생각하는 로봇'이다.

시만텍Symantec의 클리어웰Clearwell이라는 소프트웨어는 법률 서류 조사를 하는 프로그램이다. 서류를 데이터베이스에 저장하고 사람으로 하여금 단순한 정보검색을 하게 해주는 프로그램이 아니다. 자연어 이해능력을 가진 이 소프트웨어는 스스로 각종 판례와 사건을 찾아내 해당 사안에 대해 분석을 하는 '생각하는 기계'다. 쉽게 말해 법무사나 신입 변호사의 일을 컴퓨터가 대신해주는 격인데 이틀 동안 57만 건(전체 쪽수가 아니라 '건'이다!)의 서류를 분석하고 정리할 수 있다.

2011년 미국의 유명한 퀴즈쇼 제퍼디Jeopardy!에서 기존 우승자들을 제치고 우승한 IBM의 인공지능컴퓨터 왓슨Watson은 미국의 최고 암병원 중 한 곳에서 의사의 연구를 돕고 있다. 수십만 개의 의료보고서, 환자기록, 의학논문을 스스로 공부할 수 있는 왓슨은 기록을 찾는 일이 주 업무가 아니다. 그 공부를 기반으로 의사에게 '진단'과 '치료'를 제안하는 게 주 업무다. 미국의 퓨처어드바이저Future Advisor라는 회사는 사람이 아닌 소프트웨어가 투자자문을 한다. 단순한 계산기 역할이 아니다. 자체 알고리즘으로 개인 투자자의 자산관리를 최적화한다. 클리어웰도 왓슨도, 퓨처어드바이저도 잠을 자지 않는다. 피곤해서 실수를 하지도 않는다. 기업이 사람과 기계 사이에서 어느 쪽을 선호할지는 뻔하다.

이런 식으로 인공지능과 알고리즘이 중산층의 일감을 없애고 있다. 기업의 이윤은 늘어나고 경제는 성장하지만 고용이나 임금상승이 늘지 않을 이유는 더욱더 많아진다. 실제로 미국에서는 2000년대 초반부터 지금까지 기업성장과 개인소득 사이의 탈동조화 현상이 뚜렷하다. 맥킨지 보고서 〈파괴적 기술들: 삶, 비즈니스, 세계경제를 변화시킬 기술 진보들〉에서는 이 기술들이 2015년까지 1억 4천만 명분의 지식노동을 대체할 수 있을 것이라 예측했고, 옥스퍼드대학에서는 〈고용의 미래: 직업들은 컴퓨터화에 얼마나 취약한가?〉를 통해 현존하는 직업의 47%가 향후 20년 내에 사라질 것이라 예측했다.

이 새로운 환경에서 평생 '외국인과 기계'와 경쟁하면서 살아남을 준비가 되었는가? 이 상황에서 회사가 과연 당신의 경쟁력을 키워 줄 수 있을까?

삼성에 야근이 없다며?

몇 년 전, 일본에서 근무하던 때였다. 어느 날, 직원들과 가벼운 회식을 하고 있을 때 부하직원인 타카오가 외국에서 친구가 놀러 왔는데 합석해도 괜찮겠느냐고 물었다. 잠시 후, 30대 초반의 프랑스 친구 앙트왕이 왔다. 그는 타카오와 함께 유럽의 경영대학원 인시아드 Insead MBA 과정을 졸업하고 삼성에서 일한 지 반 년 정도 지난 상황이었다. 서울에서 근무하는 그는 가까운 일본에 친구가 있어 잠시 여행을 온 것이었다.

"삼성에 다닌다면서요? 축하합니다. 일하기 어때요?"

나는 삼성 본사에 외국인 임직원 숫자가 빠른 속도로 늘어나고 있다는 이야기를 들었기에 앙트왕에게 물었다.

"한국 사람들이 일반적으로 친절하기도 하지만, 회사에 외국인 직원을 위한 각종 지원제도가 잘 되어 있어요. 서울 생활이 너무 재미있어요."

앙트왕의 얼굴에 미소가 가득했다.

"일이 많진 않나요?"

내가 궁금했던 것은, 과연 외국인으로서 한국 특유의 업무문화, 특히 삼성의 살인적인 야근이나 군대 같은 상명하달식의 의사결정 방식에 적응하기 쉽지 않을 것이라는 점이었다.

"삼성에서 일하는 게 아직까지는 너무 좋아요. 야근은 전혀 없고, 매일 저녁 6시면 퇴근이죠."

앙트왕의 대답은 의외였다. 나는 고개를 갸우뚱했다. 삼성에 다니는데 야근이 없다니? 며칠 후, 삼성에 다니는 후배와 우연히 통화를 했다.

"요즘 삼성에 야근이 없다며?"

아니나 다를까 후배의 대답은 나를 크게 실망시켰다.

"외국인 직원만 야근이 없어요. 회사에서 그렇게 배려해요. 웃긴 것은, 글로벌 MBA 특채로 들어왔다 해도 한국인은 여전히 한국식으로 야근한다는 거죠."

결국 삼성은 글로벌 인재를 공격적으로 채용하긴 했지만 그 인재가 삼성의 기업문화에 융합되지 못하고 물과 기름처럼 따로 놀고 있는 상황이었다. 단순히 상품을 여러 나라에 많이 파는 것이 곧 글로벌 비즈니스는 아니다. 세계 여러 나라에 진출하더라도 일관된 문화와 업무 프로세스로 일하는 것이 진정한 글로벌 비즈니스다. 글로벌 시각과 경험이 요구되는 이 시대에는 점점 외국인 임직원도 필요하고, 그 인재들과 일하면서 한국인도 글로벌 역량을 키울 수 있기에 삼성 등 한국의 대표기업들은 외국인을 채용하고 있다. 그런데 무늬만 글로벌 인재채용이고 실체는 빈약하다. 기껏 외국인을 뽑아놓고 살인적인 야근 때문에 도망갈까봐 혹은 회사의 평판이 나빠질까봐 외국인만

칼퇴근을 시킨다. 웃기면서도 슬픈 일이다. 과연 한국기업에는 글로벌 인재가 존재할 수 없는 것일까?

2008년, LG전자는 인사혁명을 선언했다. 글로벌기업으로의 변화를 천명하며 2년 동안 부사장 등 최고경영진에 외국인 임원 5명을 선임했다. 향후 외국인 임원 비율을 70%까지 올리겠다고도 했다. 그러나 2년 후, LG전자는 5명 임원 모두를 한국인으로 교체했다. 외국인 임원과 한국인 직원 사이의 의사소통에 문제가 있다는 이유였다. 우연인지, LG전자의 실적은 2010년부터 가파른 내리막길을 걷고 있다. 5명의 외국인 임원이 떠나던 2010년에 스티브 플러더Steve Fludder라는 미국인이 삼성엔지니어링 마케팅 본부장으로 입사했다. 3년 후 삼성테크윈 사업부장으로 임명되었고, 2014년에 부사장이 되었다. 하지만 부사장으로 선임된 지 3개월 만에 퇴직했다. 삼성에서는 '일신상의 이유'라고 발표했는데도 한국의 어떤 일간지에서는 '먹튀'라고 표현했다. 삼성의 이름값으로 몸값을 올리고는 다른 좋은 자리로 손쉽게 이직했다는 것이다.

한국회사들이 글로벌 경영진을 제대로 품지 못하는 이유는 문화적 배경 탓이 크다. 고착화된 순혈주의 관념 때문에 외국인과 교류와 소통을 못하고 국제화되는 속도는 더디기 짝이 없다. 저임금 외국인 노동자를 멸시하는 사회 분위기나, 앙트왕 같은 MBA 특채 인재, LG전자에 입사했던 5명의 외국 임원에 대한 한심한 인재관리 능력의 근본 원인은 같다. 다른 문화의 사람을 이해하고 포용하는 능력 자체가 없다. "안 되면 되게 하라.", "까라면 까라."는 공장경제 시절의 한국식 기업문화가 왜 맞지 않는지 전혀 모르기 때문이다.

직장인이 고용계약을 하고, 입사하고, 퇴사하는 일이 정치적·종교적 신념과 관계라도 있는 양 언론은 외국인의 퇴사를 놓고 '먹튀'라는 극단적 표현을 거리낌 없이 쓴다. 외국인에게 배타적인 태도와 순혈주의적 기업문화를 버리지 못하면 한국 안에서 국제화된 기업을 찾는 것은 먼 미래의 일이다.

삼성은 위기에 직면해 있다. 삼성의 스마트폰이 샤오미 등 중국 업체들에게 추월당하고 있다. 세계 최대의 휴대폰 시장인 중국에서 삼성은 부동의 1위 자리를 2014년 2분기부터 샤오미에게 내주었고, 최근에는 애플에게 밀려 2014년 4분기에는 3위로 밀려났다. 판매량의 추월만이 아니다. 혁신적인 제조, 판매, 소비자 피드백 방식에서 샤오미가 튼튼한 경쟁우위를 만들었다는 평도 있다. 한동안 삼성을 칭송하던 한국의 언론들이 갑자기 삼성에게 충고를 하고 나선 것은 2014년 여름부터다. 카이스트의 장세진 경영학 교수는 삼성의 새로운 미래에 대해 이렇게 조언했다.

> 삼성전자의 소프트웨어 경쟁력은 아직 선진 기업과 비교하면 일천하다. — 삼성전자의 DNA는 반도체 사업의 성공에서 비롯된 이른바 '스피드'와 '실행력'으로 집약할 수 있다. — 밤샘을 두려워하지

않는 군대식 기업문화가 성행했다. 그러나 창의적인 소프트웨어가 나오기 위해서는 기존 질서를 깨는 혁신적인 발상이 필요하다. 빠듯한 일정을 맞추려고 밤을 새우는 수많은 인력보다 때로는 몇몇 대학 중퇴자들이 창업한 벤처들이 더 혁신적인 소프트웨어를 만들어낸다. — 삼성전자가 향후 소프트웨어 부문에서 경쟁력을 강화하기 위해서는 기업문화와 경영시스템의 전환 노력이 필요하다. 또한 삼성전자는 이미 세계 곳곳의 수많은 공장에서 제품을 생산, 전 세계 고객에게 판매하는 글로벌 기업이지만 경영에서 글로벌화는 아직 요원하다. — 한국인 중에서 창의적인 경영인력이 부족하다면 유능한 해외인력을 충원해 보충해야만 하는데, 글래스도어Glassdoor에 나타난 평가에 따르면 유능한 해외 경영인력이 삼성전자를 선택할 이유가 없다. — 이건희 회장의 신경영이 '양에서 질로'의 경영혁신이었다면 향후 삼성전자는 '소프트웨어', '경영의 글로벌화'로 경영혁신이 필요하다. 이러한 변화는 기존 질서, 즉 하드웨어와 한국식 경영방식에 상반되므로 이건희 회장이 신경영을 추진할 때와 같이 최고경영자의 꾸준한 뒷받침과 장기적인 추진이 필요하다. 삼성전자의 미래 최고경영자가 담당할 가장 중요한 과제이다.

–〈조선일보〉, 2014년 7월 12일

매우 정확한 지적이며, 우리가 이미 잘 알고 있음에도 고쳐지지 않는 고질적 문제다. 삼성이 과연 어떻게 이 숙제를 풀어나갈지 무척이나 궁금하다. 흥미롭게도 언론에 장세진 교수의 기고문이 실린 바로 그 주에 삼성전자는 보도자료를 배포했다. 수원 사업장에서 주말에 근무하는 직원에게 반바지를 허용했다는 내용이었다. 단 반바지는 정장과 면 소재에 국한되고 샌들은 허용되지 않는다는 단서가 붙어 있었다.

> 이런 변화는 창의적인 조직문화를 만들어내기 위한 이재용 삼성전자 부회장의 '스마트 리더십'을 반영한 결정이라고 한다. ― "반바지 착용 허용은 임직원들의 요구를 반영한 조치로 창의적 근무환경 조성을 위한 취지"라며 ― "직원들이 더욱 유연하고 창의적 분위기에서 일할 수 있도록 하는 데 의미가 있다."― "과거 산업화 시대에 열심히 일하는 문화만으로도 경쟁할 수 있었지만 스마트 시대에 창의성으로 승부해야 한다."며 "임직원에게 자율성을 부여하면 생산성도 높아지고 창의적 사고 증진이나 글로벌 우수인재 영입에도 도움이 된다."고 말했다.
>
> -〈비즈니스 포스트〉, 2014년 7월 15일

이 작은 실천이 경영변화의 전략적 핵심은 아닐지 모른다. 하지만 한국의 대기업이 창의성에 얼마나 무지한지는 잘 설명해주는 사건이다. 아마도 주말 반바지 사건의 전말은 이렇게 시작되었을 것이다.

사장단의 어느 분이 삼성도 더 창의적으로 일해야 한다고 말했을 것이고, 그러기 위해서는 자율적 행동을 보장해야 하니 새로운 제도를 만들라고 '지시'했을 것이다. 그 엄명을 받은 인사부에서는 직원들이 그동안 불만을 토로했던 주말 자유복장 출근을 대승적 견지에서 받아들이기로 '빅딜'을 했을 것이다. 하지만 무한자유는 안 되니 반바지와 신발 등 몇 가지 세부 규정을 넣었을 것이다. 혹시라도 직원이 품위 없는 모습으로 회사에 나타나기라도 한다면 난감해지니까. 그 후에 홍보팀과 심각하게 회의를 했을 것이다. 애초의 지시에 충실한 프로그램을 언론에 알리면 삼성이 혁신적 기업으로 홍보도 될 것이며, 그러면 '높은 분'도 좋아하실 테니까. 아마도 이들은 정식 근무일도 아닌 주말에 나와서 일하는 것 자체가 무슨 문제가 있는지는 도저히 이해하지 못했을 것이다.

이런 식이다. 공장경제 문화에 막연하게 문제가 있다는 것은 알고 있지만 어떻게 해야 조직과 직원의 창의성을 높일 수 있는지 그 방법에 대해서는 전혀 모른다. 주말 반바지 근무가 자율성을 부여한다는 모순, 창의성이 규율을 통해 달성할 수 있다는 모순, 그것들이 글로벌 우수인재 영입에 도움이 된다는 모순……. 이러한 틀에 박힌 사고방식으로 외국인 임직원과 문화적 이질감을 극복하고 공존할 수 없다는 것은 자명한 이치다.

결국 삼성과 같은 '한국의 일류기업'이 진정한 글로벌화를 이루지 못하고 있는 마당에 한국경제주식회사가 앞으로 잘될 가능성은 적다. 삼성 입사고시에 합격했다고 기뻐하는 날이 그리 길지 않을 수도 있다는 뜻이다. 이렇게 요원하기만 한 한국기업의 글로벌화 말고도 미래를 암울하게 할 소식이 한 가지 더 있다.

경쟁력의 부익부 빈익빈 시대

인간과 경쟁하는 '생각하는 기계'를 만들 수 있는 직업은 수요가 폭발적이다. 미국의 실리콘밸리가 그렇다. 인공지능, 알고리즘 등의 창조적 사업이 경쟁적으로 벌어지는 실리콘밸리에서 소프트웨어 엔지니어의 연봉이 1억 원이 넘게 된 것은 우연이 아니다. 수년 전에는 구글에서 페이스북으로 전직하려는 직원에게 35억 원가량의 주식을 주기도 했다. 구글, 페이스북, 야후 등 기존 거대 IT기업뿐 아니라 신생기업도 억대 연봉을 주지 않으면 실력 있는 프로그래머를 구하기 힘들다. 그러니 실리콘밸리는 세계 각국 최고의 엔지니어에게 문호가 개방되어 있다. 이 기업들은 더 많은 비자를 허용해 달라고 미국정부에 압력을 넣고 있는 실정이다.

리더 기업들 간의 전쟁도 치열하다. 스타트업얼라이언스Startup Alliance의 임정욱 센터장이 전하는 사례는 매우 흥미롭다. 컴퓨터 프로그래밍을 전공한 한국의 대학생에게 구글과 페이스북에서 동시에 채용 제안이 들어왔다. 경쟁에 밀리기 싫었던 페이스북에서는 COO 쉐릴 샌드버그Sheryl Sandberg와의 전화 면접을 제안했고, 그 결과 그 학생은 한국 현지에서 미국 페이스북 본사에 채용되었다.

반면 여전히 기계가 대체할 수 없는 노동은 현재에도, 미래에도 수요가 크다. 인간만이 만들어낼 수 있는 부가가치를 창조하는 직종이다. 디자인 영역은 좋은 예다. 실리콘밸리에서는 실력 있는 디자이

너를 경쟁적으로 모셔간다. 학벌과 국적은 상관없다. 임정욱 센터장이 소개한 또 다른 사례가 이 사실을 입증한다. 어느 한국 대학생이 인터넷에 올린 디자인을 애플이 보고 면접에 필요한 왕복 비행기표를 지원해주었고, 그 학생은 에어비앤비Airbnb, 옐프Yelp 등 여타 회사와도 면접을 했다. 그는 애플과 옐프 사이에서 고민하다가 애플 실리콘밸리 본사에 취직했다.

실리콘밸리뿐만이 아니다. 중국의 대표적 IT기업들도 국제적 인재전쟁의 한복판에 있다. 샤오미는 구글에서 안드로이드 제품관리를 이끌었던 휴고 바라Hugo Barra를 영입했고, 통신기업 화웨이Hwawei도 노키아와 에릭슨 같은 다국적기업에서 임원을 헤드헌팅했다. 일본의 소프트뱅크는 구글에서 니케쉬 아로라Nikeshi Arora를 최고위 임원으로 영입한 후 2013년 인수한 미국 스프린트의 경영을 맡겼다. 최근 그는 소프트뱅크의 대표이사 및 이사회 의장이 되었다. 이런 식으로 최고의 인재를 최고의 기업이 국적과 상관없이 빨아들일 경우 한국처럼 인재의 의미도 잘 모르는 국가에서는 인재 공동화 현상이 올 것이다.

실리콘밸리, 중국, IT기업뿐만이 아니다. 최근 몇 년 간 채용을 늘리지 않고 구조조정까지 하는 많은 글로벌기업은 여전히 임원급 인재가 부족하다고 하소연한다. 개발도상국이라는 새로운 시장의 개발, 단일화된 세계경제와 정보의 폭발, 급변하는 경영 상황에 대처할 수 있는 능력 등이 귀하고 귀하기 때문이다. 고위급 글로벌 경영진은 불황이냐 활황이냐와는 상관없이 언제나 공급이 수요에 못 미친다.

즉 인재의 변별성이 커진다. 값싼 임금이 필요하면 인도와 동남아로 가면 되고, 자동화할 수 있는 행정업무가 있으면 소프트웨어를 사면 된다. 결국 선진국에는 중산층 직업이라 여겼던 단순 행정업무는 사라지는 반면 생각하는 기계를 만들 수 있는 능력, 사람만이 가질 수 있는 창의성, 글로벌 경험이 있는 인재의 몸값은 천정부지로 올라간다. 그들 없이는 기업 혁신이 안 되고 경쟁에서 살아남기 어렵기 때문이다. 직장인 부익부빈익빈 현상은 우연이 아니다. 이것이 기업 이전에 개인의 경쟁력이 우선이라는 명제가 된 이유다. 이 위기와 기회의 시절에 어떻게 대처할 것인가?

세계는 좁고 할 일은 없다

지금 당신의 직업과 동일한 직업이 뉴욕, 런던, 실리콘밸리, 파리, 암스테르담에 있다고 가정해보라. 그 사람들과 직접 경쟁해서 살아남을 수 있는가? 지금 당장 그 도시로 가서 그 일을 하면서 같은 월급을 받아낼 자신이 있는가? 이 질문이 글로벌 경쟁력을 판가름하는 질문이어야 한다. 거꾸로, 지금 하는 업무를 인도, 베트남에서 한국으로 유학 온 외국인이 할 수 있는지 없는지 생각해보라. 지금 당장은 이민이 까다로운 한국이지만 외국인과 당신이 오로지 능력 대 능력으로 경쟁해서 그보다 우위에 있다는 자신이 없다면 언젠가 당신의 직업은 사라진다.

당신이 받은 한국식 대학교육의 질에 의문을 품어라. 한국의 대학 진학률은 높지만 교육의 품질은 해외 대학에 비해 경쟁력이 없다. 2012년 이코노미스트 인텔리전스 유닛은 〈세계 인재지표 보고, 2015년 전망〉을 펴냈다. 전 세계 60개 나라의 인재를 평가한 그 보고서에 따르면 미국 대학의 점수는 82.9인 반면 한국은 48.2였다.

학벌을 위한 대학교육, 공장경제에 적합한 암기교육이 아니라 창조성을 배우는 대학이 되어야 하는데 현실은 그렇지 못하다. 슬프지만 당신이 스스로 배워야 한다. 양자택일의 문제다. 당신은 공장경제의 부품으로 남을 것인가, 아니면 글로벌 지식경제 시대의 인간으로 살아갈 것인가.

우리의 글로벌 마인드가 후진적임을 깨달아라. 한국 인재에게 단연 뒤처지는 항목은 개방성이다. 60개 나라 가운데 최하위 5위권의 점수를 나타냈다. 최하위 5개국은 한국, 일본, 이란, 알제리, 인도네시아였다. 반면 같은 아시아권이지만 싱가포르와 홍콩은 개방성 부문에서 높은 점수를 기록했다. 작은 도시국가로서의 생존을 위해 외국인 이민과 외국자본 유입에 개방적이기 때문이다. 이 조사결과만 보아도 혈통주의에 집착하고 쇄국적인 문화를 즐기는 한국 기성세대의 전철을 밟으면 안 된다.

세계는 좁고 할 일은 없다. 세계경제는 단일화되었고, 고연봉 직업은 귀해졌다. 경력은 당신의 선택이지만 그 결과는 마음대로 되지 않는다. 귀를 쫑긋 세우고 한국 밖에서 일어나는 일들을 알아야 한다. 그 속에서 당신의 경쟁력을 알아야 한다.

하면 된다가 아니라 옳은 것을 하라

'하면 된다'라는 1970년대 한국기업의 일하는 방식은 잊어라. 목표를 향한 무조건적 노력을 강조하는 마인드는 더 이상 통하지 않는다. 부가가치를 만들 수 있는 직업을 가지는 것이 가장 중요하다. 회사 선택은 그 다음이다.

기술진보가 가져올 미래에 대비하라. 공부하는 기계와 로봇 분야의 직종은 앞으로 수십 년 동안 유망하다. 시간과 흥미가 있다면 그 분야로 경력을 쌓아라. 개발자가 아니어도 해당 기술을 응용하는 산업에서의 경력은 여전히 매력적이다. 하지만 모두가 그 산업에서 일할 수는 없다. 그렇다면 기계가 대체할 수 없는 인간만의 능력을 요구하는 직종을 선택해야 한다. 경영, 교육, 의료, 예술, 미디어 분야가 '안전'한 분야다. 하지만 왜 안전한지 그 이유를 먼저 이해해야 한다. 이 직종의 공통점은 인간 고유의 '탐구하는 능력'을 요구하거나, 새로운 아이디어에 의거한 '창조물을 만드는 기술'이다. 최근 인문학이 각광받는 이유가 여기에 있다. 인간만이 창조할 수 있는 그 무엇인가를 인문학이 도울 수 있기 때문이다.

그러나 인문학의 역할을 오해하면 안 된다. 기업에서는 이제 주물공장에서 찍어내듯 암기하는 지식이 아닌, 인간으로서 '생각할 수 있는 힘'이 중요해졌기에 인문학 타령을 한다. 인문학 공부의 '양'이 중요한 게 아니라 인문학적 소양의 '깊이'가 필요하다. 지적 허영에 찬 철학공부, 뜻도 모르고 읽는 고전, 파편화된 역사지식의 암기를 반복하고 있지는 않은지 자문하라. 만일 그렇다면 여전히 '하면 된다' 식으로 문제에 접근하고 있는 셈이다. 옳은 것을 하라. 사람과 사물을 '인류학적'으로 이해할 수 있는 생각의 깊이를 키워라. 그것이 바로 경쟁력이다.

실전 특강

• 내 업종의 글로벌 흐름을 늘 살펴라

업종의 글로벌 1위 기업의 연간보고서를 꾸준히 읽어라. 뛰어난 글로벌 리더 기업은 경영 상황을 낱낱이 공개한다. 특히 상장사의 연간보고서를 정독하면 기업의 상위전략까지도 어렵지 않게 이해할 수 있다. 그 리더 기업의 주식흐름도 늘 모니터링하라. 총체적 정보를 원하면 블룸버그Bloomberg 앱이 좋다. 신속한 뉴스 업데이트를 원하면 구글 얼러트Alert도 좋다. 어떤 식으로 경영실적을 관리하고 전략을 수정해가는지 탐구하라. 어느 순간 갑자기 당신의 회사가 중국자본, 미국자본 혹은 다국적 자본에 인수당할 수도 있다. 그런 경우에도 세계 전반의 흐름을 잘 알고 있다면 당신의 경력은 흔들리지 않는다.

• 즐기는 여행이 아닌 배우는 여행을 하라

관광지 말고 현지인의 삶 속으로 들어가 이야기를 나눠라. 생각하는 방식, 살아가는 방식을 관찰하라. 그 나라의 역사를 공부한 후 방문하라. 위키피디아만 읽어도 역사적 · 문화적 배경을 알기에 충분하다. 외국 거주 경험이 있는 사람에게 물어라. 어딜 가봤는지가 아니라 그 나라 사람들이 생각하는 방식에 대해. 그들에게서 '현지' 경험을 할 수 있는 여행의 팁을 얻어라. 다른 문화의 사람들이 생각하고 행동하는 특이점을 관찰하라. 예를 들어 미국인은 직설적이고, 영국인은 에둘러 말하고, 네덜란드인은 토론을 좋아하고, 일본인은 세세한 디테일에 시간을 많이 쏟고 체계적이며, 중국인은 직관적으로 생각하고, 인도인과의 대화는 길고 지루하다. 이러한 식으로 당신만의 느낌을 지속적으로 키워라. 그 느낌을 당신만의 언어로 표현할 수 있다면 경쟁력이 생긴다.

• 실용적인 어학능력을 키워라

시험점수에 필요한 죽은 언어가 아닌, 비즈니스를 할 수 있는 어학공부를 해야 한다. 어학공부에 투자하는 돈이나 시간의 규모가 중요한 게 아니다. 외국여행을 많이 한다고 어학실력이 늘지 않는다. 한국에 있더라도 외국인과 주기적으로 교류할 수 있다면 그게 더 효율적이다. 그 '필연'을 만들어라. 외국인이 한국에 살고 있든, 인터넷으로 연결되든 외국인과 프로젝트를 함께하라. 취미 프로젝트도 좋고 국제행사 자원봉사도 좋다. 일을 하면서 어학능력을 키워야 '필요'의 요소가 생긴다. 일로서 하는 대화는 사고방식까지도 국제화시켜 준다. 토익점수 만점보다 만 배는 더 효과적인 영어면접을 할 수 있다.

• 기술진보가 내 업종의 미래에 끼칠 영향을 생각하라

신기술이 인간의 직업을 뒤흔드는 시절에 평생직업이란 없다. 언제 어디서 기계가 직업을 빼앗아 갈지 모른다. 예를 들어 당신이 지금 html 코딩을 할 수 있다 해서 그 기술이 언제까지 경쟁력을 담보할지 모른다. Thegrid.io라는 신규서비스는 컴퓨터 알고리즘이 코딩을 한다. '생각하는 기계'에 대해 공부하라. MIT의 맥아피Andrew Mcafee 교수의 블로그(http://andrewmcafee.org/blog)도 좋고, 같은 학교 브린욜프슨Erick Brynjolfsson 교수와 함께 쓴 〈기계와의 레이스Race Against The Machine〉를 참고해도 좋다. 중년이 되어 새로운 기술을 습득하지 못한다 해도 변화의 흐름을 이해하고 있으면 관리자로서 역할을 소화할 수 있다.

유교 DNA는 미래를 위협하는
가장 끔찍한 적이다

제3강

유교주의 청산

아버지와 선생님과 회장님은
거역할 수 없는 절대권력이고
가족과 고향과 회사는 동일시된다

남과 다른 의견을 갖지 않는 것이
조화로움이고 남이 야근할 때
정시에 퇴근하면 배반이다
늘 집단이 개인보다 우선시된다

수년 전 타이베이에서 근무할 때의 일이다. 2년 동안 주기적으로 만나던 관계사의 대만 지사장 칼과 미팅 후 저녁식사를 했다. 8개국이 넘는 아시아 국가를 두루 거쳤고, 한국에서만 7년 넘게 일한 칼과는 늘 대화가 잘 통했다. 함께 식사를 하면서 이야기는 자연스레 한국사람에 대한 주제로 이어졌다.

회의에서는 꿀먹은 벙어리가 되는 한국인

"한국에 오래 있었지만 아직도 이해가 안 되는 게 있어요."

"뭐가 이해가 안 되는데요?"

"정말 신기해요. 한국사람 개개인은 매우 총명해요. 그런데 나와 단 둘이 얘기할 때 빛나던 명민함, 논리성, 지식…… 이런 것들이 회의실에서 다른 한국사람에게 둘러싸여 있을 때면 모두 사라져요. 다들 입을 다물어요. 상사가 입을 열기 전까지는 침묵이죠. 한국에서 근무할 때 직원들에게 투명하고 솔직한 회의를 하자고 7년 동안 여러 노력을 해봤지만 모두 수포로 돌아갔어요. 그래서 결국엔 좋은 아이디어를 구하기 위해 1:1 대화를 선호할 수밖에 없었죠. 한국인들에겐 개인주의와 이기주의의 구분이 없어요. 한 개인이 집단과 다른 의견을 갖는다는 사실 자체가 용납이 안 되는 거죠. 다른 사람에게 이기주의자로 보일까봐 두려워하는 겁니다."

칼의 날카로운 통찰력에 그저 고개만 끄덕였다. 반면 칼이 한국인에 대해 높게 사는 점도 많았다.

"요즘 젊은 한국 세대는 논리정연하고 신중하며 창의적인 대안을 찾는 능력을 갖추고 있어요. 또 아시아의 다른 어떤 나라보다도 국제적 시각이 뛰어나요. 혹독한 입시경쟁과 입사경쟁을 거쳐서 그런지는 몰라도 한국 젊은이의 경쟁력은 뛰어나죠. 내가 많은 아시아 나라에서 일해 봤지만 한국인보다 스마트한 머리와 국제적 감각은 본 적이 없어요."

"맞아요. 요즘 젊은 세대는 야심만만하고 정말 똑똑하죠."

"그런데 한 사람 한 사람은 너무나 똑똑한데 집단 속으로 들어가면서 그 장점이 모두 실종되는 현상이 안타까워요. 개인으로서는 경쟁력이 있지만 집단 안에서는 경쟁력을 발휘하지 못하는 게 참 아쉽죠. 그 이유가 뭐라고 생각해요?"

"……."

다시 한번, 나는 할 말을 잃었다.

칼이 바라본 한국인의 업무문화

처음 칼을 만났을 때 그의 한국인 인맥이 꽤 인상적이었다. 한국을 떠난 지 3년이 지났지만 고객사나 경쟁사 임원, 각종 대행사와 거래처 사람들의 이름과 성향을 잘 기억하고 있었다. 칼이 다정다감하고 사교적인 성격을 가졌기 때문인지, 아니면 내가 한국인이어서 그에게 친근감을 느껴서 그랬는지는 모르겠으나 우리는 어렵지 않게 친해졌다. 그가 워낙 털털한 성격이어서 친해지고 난 다음부터는 '아시아 좀비'라고 놀리기도 했다.

칼은 2000년대 초반부터 중반까지 한국에 있었다. 그의 한국 비즈니스는 그리 크지 않았지만 한국과 한국인에 대해 관찰하기엔 충분한 시간이었다. 칼은 아내가 한국인이어서 한국에 호감이 있었으나 한국을 무조건 칭찬만 하지는 않았다. 칼은 한국의 회식문화를 진심으로 즐겼다. 사교적인 성향의 그는 술과 음식 자체보다는 사람들과의 어울림을 즐기는 스타일이었다. 다양한 문화를 체험한 그는 회식자리에도 어렵지 않게 적응했다. 그는 한국사람이 보여주는 솔직함과 우정을 사랑한다고 했다.

"한국사람들 사이의 끈끈함은 정말 인상적이었어요. 업무가 끝난 자리지만 회사일에 대해 열정적으로 그리고 솔직하게 의견을 나누고, 지사장인 나에게도 사무실에서보다 진지하게 피드백을 주더군요. 그래서 한국의 회식은 늘 생산적인 자리였죠. 한국사람들은 진정 '놀 줄 아는' 사람들입니다."

칼은 퇴근 후에도 직원들이 파편처럼 흩어지지 않고, 사무실에서의 팀워크가 회식에서 서로에 대한 배려로 이어지는 특유의 정을 좋아했다. 개인주의 성향이 강한 외국인 중에는 한국의 회식문화에 쉽게 적응하지 못하는 사람들이 많았는데, 칼은 오히려 긍정적으로 바라보았다. 칼이 이해하지 못하는 것은 야근문화였다. 일이 없는데 윗사람이 퇴근을 안 하니 퇴근을 못하는 분위기를 전혀 이해하지 못했다. 칼은 야근이 습관화 되면 업무시간에는 생산성이 낮아지고, 그러다보니 결국 다시 야근하게 되는 악순환을 잘 알고 있었다. 그는 야근에 대한 세대 간의 시각차를 이렇게 지적했다.

"젊은 직원들이 얼마나 야근을 혐오하는지 난 잘 알아요. 반면 부장급 이상의 관리자는 야근을 거의 맹신적으로 신봉하죠. 내가 진짜 신기한 것은 관리자도 머릿속으로는 야근을 줄여야겠다고 동의하면서도 정작 기업문화를 고칠 마음은 전혀 없다는 겁니다. 그 이유가 한국인 특유의 수직적 문화와 남들과의 조화를 우선시하는 문화 때문이라고 봐요."

한국인의 정서와 사고방식, 행동방식에 대해 칼이 7년의 경험을 토대로 내린 통찰은 객관적이고 타당했다. 안타까운 현실이다. 능력과 열정이 있는 젊은 세대가 미처 실력을 꽃피우지 못하고, 강요되는 침묵과 무한야근 속에서 스러져간다.

아시아의 문제, 집단주의

동북아시아 여러 나라에서 일한 내 경험으로 볼 때, 칼이 지적한 문제는 비단 한국만의 문제는 아니다. 일본과 중국 역시 같은 문제를 안고 있다. 하지만 그 이면에는 한 개인의 힘만으로는 벗어날 수 없는, 우리가 상상하는 것보다 훨씬 뿌리 깊은 이유가 도사리고 있다.

2011년 12월, 중국의 루씨앙 장姜汝祥이라는 경영컨설턴트는 〈하버드비즈니스리뷰〉에 중국의 기업문화에 대해 쓴소리를 토해냈다. 그 글을 읽어보면 중국의 현실 역시 한국의 처지와 달라 보이진 않는다.

> "집단적 문화에서는 가족, 고향, 회사로 연결된 사람들을 보살피는 것을 최우선적 책임으로 간주한다. 대부분의 중국 회사에서는 최고 경영자부터 최저임금의 공장 노동자에 이르기까지 모든 직원은 조화와 충성심은 유지되고, 대립은 피해야 한다고 믿는다. 회의나 공개적 장소에서 동료나 상사 의견에 동의하지 않는 것은 용납되지 않는다. 집단주의 문화는 처음 시작하는 조직을 빠른 시간 안에 만드는 데 성공적이지만 시간이 지나면서 개인들을 무력하게 하고 그들의 지적知的 공헌을 무시하게 된다."
>
> –〈중국의 근면 문화: 오늘은 강점, 내일은 약점〉, 2011년 12월

나와 함께 일했던 중국인 대부분이 이 지적에 공감한다. 오랜 시간을 일하는 것, 남에게 폐가 되지 않는 것, 서로 도와주어야 한다는

게 절대 미덕이라는 정서가 강하다. 루씨앙 장은 중국의 최대 통신회사인 화웨이의 회장 렌 정페이任正非의 말을 인용했다.

> "화웨이 직원들, 특히 리더는 평생 동안 열심히 일하고, 남들보다 더 전념하고 고생할 운명이다."
>
> –〈중국의 근면 문화: 오늘은 강점, 내일은 약점〉, 2011년 12월

고생한다는 것, 즉 무작정 열심히 일하는 것, 그것이 평생의 운명이라는 식의 생각은 한국 대기업의 사고방식과 그리 다르지 않다.

일본 역시 마찬가지다. 루씨앙 장이 글을 썼던 2011년, 일본 대기업 올림푸스는 회계부정 사건에 휘말렸다. 올림푸스에서 30년을 일한 CEO 우드포드Michael Woodford는 회계부정의 내막을 모르고 있었다. 외국인 경영자 모르게 일어난 일이었다. 우드포드는 누명을 벗기 위해 회장 키쿠가와菊川剛에게 사라진 공금 1조 원의 행방을 추궁하려 했다. 그러나 우드포드는 일본인 임원들에 의해 회장에게 접근하는 것조차 저지당했다. 답답한 우드포드가 접근을 막는 임원에게 물었다.

"당신은 누구를 위해 일합니까?"

주주와 회사를 위해 명명백백히 진실을 가리려는 사람을 가로막으니 억울해서 던진 질문이었다. 돌아온 대답은 이랬다.

"난 키쿠가와 회장님을 위해 일합니다. 난 오직 회장님께 충성합니다."

키쿠가와와 우드포드는 그 스캔들로 인해 자리에서 물러났지만 우드포드를 막은 임원은 그대로 자리에 남았다. 〈이코노미스트〉는 이 사건을 두고 일본의 '부족주의'라 비꼬았다. 임원이건 직원이건 궁극적인 상사는 주주다. 주주의 이익을 위해 일하는 곳이 직장이다. 상장사이건 비상장사이건 회계부정은 범법이고, 법이 사규보다 앞선다. 하지만 올림푸스의 일본인 임원들에게는 충성의 고용계약이 기본 상식을 손쉽게 무시하게 만들었다. '회사보다 회장님이 더 중요하다'는 것이 그들의 믿음이었기 때문이다.

한국의 대기업 총수가 범법을 저질러도 그를 향한 조직의 충성심은 별로 변하지 않는다. 올림푸스의 사례와 다를 바 없다. 2015년 땅콩회항을 일으킨 부사장, 라면 때문에 여승무원을 폭행한 대기업 임원 사건을 되돌아보라. 문제의 뿌리가 다르지 않다. 항공사 부사장이 교통안전법 위에, 대기업 임원이 항공사 직원 위에 군림한다는 터무니없는 착각은, 높은 사람은 무조건 옳다는 암묵적 사회 동의가 있기에 가능하다. 그들이 평소에 그런 대접을 받았기에 가능하다. 이른바 군사부일체君師父一體의 믿음이다. 아버지와 선생님과 회장님은 거역할 수 없는 절대권력이고, 가족과 고향과 회사는 동일시된다. 남과 다른 의견을 갖지 않는 것이 조화로움이고, 남이 야근할 때 정시에 퇴근하면 배반이다. 늘 집단이 개인보다 우선시된다.

바로 유교문화다. 아시아의 이 뿌리 깊은 관습은 도대체 어떻게 시작되었으며, 우리에게 대체 무슨 짓을 하고 있는 것인가? 우리는 과연 이 관습으로부터 자유로워질 수 있을까?

유교와 논농사, 개인을 죽이다

유교의 유儒라는 글자는, 사람 인人에, 비를 뜻하는 우雨, 수염을 상징하는 상형문자 이而로 만들어진 단어다. 비를 관장하는, 즉 기우제를 주관하는 무당이다. 3천여 년 전 처음 등장한 이 직업은 수많은 의례를 만들어내면서 제례문화를 발달시켰다. 사자死者를 매장하는 방식, 상을 치르는 각종 규율, 제사 의례 등 수많은 형식적 관습을 만들어냈는데, 그 이유는 죽은 사람이 다시 살아 돌아올 것이라는 공포를 심어주는 효과가 있었기 때문이다.

유교는 새로운 형태의 미신이자 고대국가의 통치 장치였다. 공자 등의 학자가 이후에 사회규율과 도덕이론으로 발전시킨 것을 유교라 생각하지만 사실은 국가권력 신성화를 위해 탄생한 신흥종교였다. 이후로도 유교는 지속적으로 통치권을 보호하기 위한 프로파간다Propaganda로 조작되고 발전되어 왔다. 김경일은 1999년 출간한 『공자가 죽어야 나라가 산다』에서 유교를 통렬하게 비판했다.

유교의 본성은 사회규율의 명분을 앞세워 뭇사람들을 통제하는 데 있다. 그렇다면 왜 유교는 아시아에서 유독 발전해 온 것일까.

중세기에 아시아의 논농사는 획기적인 생산혁명이었다. 우리는 인터넷과 증기기관이 인류의 혁명이라 하지만 논농사 역시 인류사에서 핵심적인 기술발전이었다. 논농사 덕분에 극동지역의 농업생산성은 유럽보다 4배가량 높았다. 도시 규모도 훨씬 컸다. 유럽이라면 고작 1천만 명밖에 먹여살리지 못했을 좁은 땅에 극동에서는 3천만 명 이상이 살기도 했다. 그것을 가능하게 했던 기술 핵심은 중앙집중식의 관개와 배수였다. 논농사를 위한 물을 공유하고 공동관리하면 생산성이 올라간다. 항저우에서 베이징에 이르는 대운하는 광대한 관개 시스템의 하나였다.

논농사를 위한 수자원은 국가 차원에서 관리했다. 이른바 치수治水다. 통치자와 피통치자 모두 수자원의 공유에 동의한 것은 당연했다. 집단으로서 잘 조직된 규율에 의해 논농사를 지으면 그만큼 더 많은 쌀을 수확할 수 있었다. 규율은 신성시 되었다. 물뿐만이 아니라 노동력 관리도 엄격했다. 가축을 사용하지 않고 일일이 사람 손으로 이루어지는 논농사에서 인간의 노동력은 늘 부족했다. 사람들은 상부상조를 하기 시작했다. 노동력의 공유에는 공정성이 필요했으며 규율이 엄격했다. 마을에서는 1년 내내 바쁜 노동의 순서와 세세한 규정이 존재했다. 논농사 경험이 많은 연장자, 마을을 통제하는 어르신의 말씀을 거부할 수 없었다. 과학의 힘도, 기록하는 기술도 약했다. 사람의 경험이 중요했다. 연장자의 경험에 복종하게 하는 데는 예의와 도덕, 책임과 규율을 논하는 유교가 더없이 유용했다. 뭇사람들이 먹고사는 문제, 경제적 이유가 유교를 발달시킨 것이다.

그 결과 논농사가 발달한 유교문화에서 노동은 가치교환의 '계약'이라기보다 사회규율의 '임무'였다. 나의 노동을 누군가에게 제공하고 그 대가를 직접 보상받는 것이 아니라 공동체의 규율이 부과하는 책임이었다. 이런 식으로 수천 년이 흐르는 동안 개인의 의미는 서서히 사라져갔고 집단 우월성에 대한 믿음은 더욱 단단해졌다. 유교가 아시아인의 DNA가 되어버렸다. 우리의 피에는, 개인 노동은 집단의 목적을 위해, 규율에 의해 공유되는 것이 마땅하다는 생각이 흐른다. 내 업무는 끝났는데 다른 직원이 야근을 하면 미안해야 한다는 생각, 남들과 의견이 다르면 조화를 깬다는 생각, 일찍 출근하고 늦게 퇴근하는 게 미덕이라는 생각, 윗사람의 의견을 반박하면 안 된다는 생각의 뿌리는, 당신이 생각하는 것보다 매우 깊다.

이 문제를 어떻게 풀 것인가? 풀 수는 있을까? 이 질문에 답하기 전에 생각해야 할 점이 하나 더 있다.

유교와 공장경제의 만남-무당의 재림

중세가 지나고 아시아에도 산업사회가 왔다. 나라마다 다소 시기의 차이는 있었으나 2차대전이 끝나고 한국, 일본, 대만 등의 극동아시아 국가들은 단 수십 년 만에 공업 선진국이 되었다. 그 속도에서 한국은 단연 수위였다. 귀에 닳도록 들은 '한강의 기적'이었다. 그런데 이 한강의 기적에는 유교와 관련된 비극이 숨어 있다. 기적을 몸소 경험한 기성세대가 유교에 대한 맹신을 철옹성처럼 쌓아올린 것이다.

한강의 기적은 절대 기적이 아니었다. 우연도 아니었다. 새마을 운동의 결과는 더더욱 아니었다. 필연이었다. 산업사회 이전에 이미 유교문화권은 논농사 덕분에 상당한 수준의 중앙집권적 사회구조를 가지고 있었다. 이 말은, 유교문화권의 사람들은 국가가 주도하는 경제발전 프로그램에 동참 가능한 유전자를 이미 갖고 있었다는 뜻이다. 프린스턴대학의 대니 로드릭Dani Rodrik 교수는 1994년 논문 〈정부 개입의 역할: 한국과 대만은 어떻게 잘살게 되었는가〉에서 이 가설을 증명했다.

수출이 두 국가의 경제발전을 이루었다는 인식은 잘못된 것이며, 이미 존재하던 사회경제적 기반과 정부의 중앙집권적 투자의 결과가 1970~80년대 경제성장의 주된 동력이라는 점을 입증했다. 또한 로드릭은 버클리대학 아델만Irma Adelman 교수의 개발도상국 경제성장 모델을 차용해서 설명했다.

한국은 1960년대 초에 1인당 총생산량은 극빈국 수준이었으나 전통농업의 규모, 국가 개념, 도시화, 중산층의 중요도, 문화적 통일성, 교육수준 등의 사회경제개발지수 측면에서는 더 큰 경제규모의 국가들과 같은 수준이었음을 확인할 수 있다.

집단이 잘살면 개인도 잘산다는 믿음이 유교 DNA다. 논농사는 사라졌으나 도시와 공장에서 개인 노동은 여전히 임무였다. 장시간 일하고, 상명하달에 토를 달지 않고, 시키면 시키는 대로 일했다. 그랬

더니 공장이 엄청난 속도로 돈을 벌기 시작했다. 왜? 산업사회, 공장경제에서는 통제와 규율, 협업과 근면이 최고의 덕목이기 때문이다.

아델만 교수의 개발도상국 경제성장 모델

국 가	사회경제개발지수 (1960)	1인당 GNP (1961)
대한민국	0.85	73
대만	1.05	145
브라질	0.79	186
터키	0.88	193
알제리	0.18	281
남아공화국	0.62	427
코스타리카	0.78	344
파나마	0.84	416
키프로스	1.08	416
자메이카	1.06	436

단위: (달러)

싼 임금, 긴 노동시간, 순응적인 노동력은 아시아 국가를 순식간에 국제적인 제조업 리더로 만들었다. 개인의 의미, 노동인권 같은 것은 안중에 없었다. 그런데도 기성세대는 이 경험을 마다하지 않았다. 논농사가 하루 2000칼로리의 혁명을 대중에게 주었다면 공장경제는 수만 달러의 연소득을 주었기 때문이다. 세계 최빈국 국민이던 우리는 수십 년 만에 중진국 시민이 되었다. 초가집이 아닌 아파트에 살게 되었고, 먹는 걱정을 더 이상 안 하게 됐다. 자식들을 대학에 보낼 돈이 생겼다. '한강의 기적'에 반기를 들 이유가 없었다. 달콤한 공장경제의 기억을 기성세대가 못 버리는 이유다. 유교 무당의 재림이다.

유교는 더 맹위를 떨친다. 정치, 문화, 교육 할 것 없이 전방위적이다. 창조경제를 부르짖는 청와대 관료들은 하루 종일 대통령의 말을 받아 적는 데 여념이 없다. 토론과 대화는 없다. 2013년 전후, 세상을 시끄럽게 했던 애플과의 소송에서 드러난 삼성전자의 사내 이메일을 보면 초일류 기업이라는 곳에서도 군대문화가 여전히 건재함을 알 수 있다. 비슷한 시기에 인터넷에서 크게 회자되었던, 퇴사를 하며 남긴 LG전자 연구원의 블로그 글을 보면 개인의 목소리가 대기업에서 얼마나 하찮게 취급되는지 잘 드러난다. 끊이지 않는 명문대 교수의 성추행 사건, '사회 지도층'의 막말 사건의 배경에는 유교 무당이 있다. 권위에 반발하면 안 된다는 유교 미신이 권위를 부패시킨다.

새마을운동이 아프리카 르완다에 전파되고 있다. 자원봉사자들은 근면, 자조, 협동을 강조하고, 농사 배수방식을 일러주고, 밭에서 쟁기 가는 법을 가르쳐준다. 기성세대는 아마도 이런 뉴스를 보며 푸근한 미소를 띨 것이다. 그러나 새마을운동이 아직까지도 한국의 자랑이라는 웃지 못할 상황, 즉 유교 무당의 재림은 미래를 가로막는 크나큰 비극이다.

공장경제의 태양은 급속도로 저물고 있다. 지식경제조차 제대로 만들어보지 못한 한국은 혁신경제로 숨가쁘게 옮겨가고 있는 선진국과 경쟁하는 어려운 시절을 맞고 말았다. 혁신경제에 요구되는 개인의 창의성, 합리적 토론문화, 일과 삶의 균형, 이성적 기업경영을 유교 무당은 아직도 자근자근 묵살한다. 젊은 세대는 현대적이고 국제적인 교육을 받았는데 정작 회사는 공장경제 마인드다. 근원적 충돌이 일어나지 않을 수 없다. 한국 회사는 마치 양복을 입고 갓을 쓴 꼴이 되어버렸다.

유교의 뿌리가 이렇게 깊기 때문에 칼이 한국인의 집단주의, 수직 문화가 왜 고쳐지지 않는지 이해하지 못하는 게 당연하다. 외국인 지사장 1명이 불과 7년 만에 수천 년의 습관을 되돌릴 수 있겠는가? 50년, 100년이 지나도 안 될 일이다. 이 말은, 유교 무당이 우리 일생을 따라다니며 괴롭힐 것이라는 뜻이다. 유교 DNA는 두고두고 당신 미래의 적이 될 것이다.

당신의 적, 유교주의

유교주의는 이런 식으로 당신을 공격하고 조종할 것이다.

창의성의 첫걸음인 자유로운 의사표현을 절대 하지 말라고, 회의 시간에 괜히 나서서 눈총 받지 말고 조용히 있는 게 안전하다고 속삭일 것이다. 상사의 논리에 대해 버릇없이 토를 달지 말라고 할 것이다. 자꾸 이견을 내는 행동은 조화를 깨뜨리는 것이기에 엉뚱하고 신선한 아이디어는 쓰레기통에 버리라고 호통 칠 것이다.

그리고 당신의 국제적 마인드를 저해할 것이다. 개도국 출신 기업은 멸시해도 된다고 할 것이다. 당신의 상사가 공장경제에서 성공해왔듯이 무조건 싼 가격에 물건을 만들라고 할 것이다. 세계의 기술 혁신 따위는 읊어대지 말고 집어치우라고 할 것이다. 외국인과 비즈니스를 하면서 인간 대 인간으로 서로의 문화를 이해할 필요도, 이유도 없다고 할 것이다. 한국만의 비즈니스 방식을 상대에게 불도저식으로 밀어붙이라고 강요할 것이다.

지식이 부족하다고 느끼는 순간마다 당신에게 더 이상 배울 게 없다고 단언할 것이다. 대학 랭킹과 학점이 당신 지식의 전부라고 할 것이다. 입사전쟁에서 살아남은 당신이기에 그 승리를 만끽하고, 자기계발은 잊으라고 할 것이다. 더 배울 시간에 학벌과 연봉을 남들에게 뽐내라고 부추길 것이다.

유교주의는 직장에서의 유일한 성공방식이 학연과 지연, 사내정치라고 당신을 설득할 것이다. 회장님이 감옥에서 돌아오시면 충성심을 시험할 것이라고 협박할 것이다. 한번 입사한 회사는 영원하다고 거짓말할 것이다. 개인이 조직에서 부가가치를 만드는 직업은 존재치 않는다고 할 것이며 집단의 명령에 복종하는 게 직장인의 바른 자세라고 할 것이다.

회사에서 스마트하게 일하는 방법 같은 건 애초에 존재치 않는다고 단언할 것이다. 지쳐 쓰러질 때까지 일하는 게 최고의 업무방식이라 할 것이다. 자꾸 쓸데없이 프로세스를 의심하고 개선하려 들지 말라고 할 것이다. 전지전능한 사장님이 모든 것을 잘 알고 계시기에 명령이 떨어질 때까지 집에 가지 말고 대기하라 할 것이다. 능동적인 것은 죄악이고 수동적인 게 직장인의 바른 자세라 할 것이다. 착해지라고 할 것이다. 예의를 늘 갖추고 상명하달의 군대문화에 적응하지 못하면 당신의 사람 됨됨이를 나무랄 것이다. 가정교육을 의심할 것이다.

이렇듯 유교는 당신 미래의 끔찍하고도 강력한 적이다. 당신이 갖고 있는 유교 관념을 죽이지 못하면 당신이 죽는다.

지금 당장 일과 이혼하라

유교적 습관과 관념을 죽이는 일은 불가능에 가깝다. 수천 년 동안 쌓여온 문화적 DNA가 하루아침에 사라질 수는 없다. 국가가 나서서 주도적으로 유교를 버리려 했던 중국(문화혁명)과 일본(메이지유신)조차 우리와 생각하고 행동하는 방식이 그다지 다르지 않다. 삶의 매순간 유교 관념은 당신을 급습할 것이다.

먼저 할 일이 있다. 일과 이혼하라. 당장 일과 이혼하라. 이 황당한 조언은 다음과 같은 의미다.

이혼하는 사람의 사례를 보면, 이혼 후 원수처럼 지내는가 하면, 비록 이혼은 했으나 서로를 존중하며 살아가는 사람도 있다. 사랑은 없으나 거리를 유지하면서 자녀양육 등 서로에 대한 의무를 지킨다. 일과의 이혼은 이처럼 당신과 일과의 관계를 재정립하라는 뜻이다.

유교주의를 떨치기 어려운 이유 가운데 하나가 일과 삶을 동일시하기 때문이다. 회사가 가족의 연장선이라는 유교적 오해 때문에 상사의 말을 거스르는 게 꺼림칙하다. 회사의 잘못된 점을 지적하는 게 마치 스스로를 질책하는 것 같다. 하지만 일과 이혼을 하고 나면, 즉 회사로부터 객관적인 거리를 두고 떨어뜨리고 나면 많은 것들이 달라진다. 일은 일일 뿐이고 삶과 관련이 없다. 당신의 가치관과 회사의 가치관은 아무 관련이 없다. 상사건 동료건 후배건 유교주의에 의해 비이성적 행동을 한다면 그것을 이혼한 배우자와의 상황이라고 받아들여라. 유교의 공격에 최소한 당신만은 휘말리지 마라. 그러면서도 할 일을 하기만 하면 된다.

이혼은 인생을 살며 겪을 수 있는 뼈아픈 경험 중 가장 정신적 충격이 큰 사건이다. 회사와의 이혼 역시 그 정도로 고통스러울 수 있다. 입사를 위해, 실적을 위해, 승진을 위해 모든 것을 걸고 지금까지 노력해왔는데 어떻게 손쉽게 파기할 수 있겠는가? 그러나 애초부터 당신의 결혼이 잘못이었을 가능성이 높다. 당신의 사랑이 진정한 사랑이 아니었을 수 있다. 기억하라. 당신은 노동을 회사에 제공하고 그 대가를 받는 계약을 회사와 맺은 것이다. 당신은 회사라는 두레공동체의 농부가 아니다. 계약을 계약답게 존중하라.

당신을 둘러싼 경제상황을 보라. 어차피 평생고용은커녕 10년 근속도 하기 어려운 시절이 되었다. 국제적으로 경쟁하고, '생각하는 기계'와 경쟁해야 하는 당신에게 중요한 것은 잘못된 결혼이 아니라 스스로의 실력이다. 실력을 쌓기 위해선 마인드가 깨어 있어야 한다. 과

감히 이혼하라. 일단 이혼을 하고 나면, 마지못해 야근을 하더라도, 회의시간에 의견을 표현 못하더라도 당신의 감정은 보호된다. 그날 이후로 무엇을 해야 할지 더 명확해진다.

그런데 이혼이 그리 쉽지는 않다. 당신은 낡은 사랑을 버리지 못한다. 달콤하기 때문이다. 가끔 화가 치밀어 오르지만 이내 일이라는 결혼 상대가 측은하다. 유교문화로, 공장경제식으로 일해도 내 학벌, 내 직급, 내 연봉이 더 보상받을 것 같은 착각에 빠진다. 당신의 결혼생활은 오랜 습관을 만들었기 때문이다.

그럴 때마다 기억하라. 유교 DNA는 미래를 망가뜨리는 적이다. 당신이 국제 경쟁력을 만들고, 미래에 필요한 직업기술을 배우는 열린 사고를 막는다. 인생의 주인이 될 것인지, 아니면 낡은 중세시대 관념의 피해자가 될 것인지는 오롯이 당신의 몫이다.

수년 전 한 보험회사 광고가 큰 히트를 쳤다. 걱정인형이라는 아이디어였다. 세상 살면서 생기는 모든 걱정을 걱정인형에게 맡기고 마음 편하게 살자는 광고다. 걱정인형은 그러니까 일종의 유용한 도구다. 우리에게 지금 필요한 게 이런 도구가 아닐까 싶다. 뿌리 깊은 유교관습에서 벗어나기 위해 필요한 지혜다. 마음속에 존재하는 막연한 공포심을 걱정인형에게 잠시 맡기듯 핏속에 있는 유교 DNA를 걱정인형에게 맡겨라. 내가 모르는 사이에 표출되는 나와 주변의 수천 년 묵은 습관을 그때마다 걱정인형에게 하나씩 던져주고 현대사회에서 필요한 새로운 습관을 하나씩 만들어가라.

우리를 망치는 것은
다른 사람의 눈을 지나치게
의식하는 것이다
– 벤자민 프랭클린

실전 특강

아래의 실전연습을 함께 해보자. 먼저 각 항목에 대한 생각을 솔직하게 '예/아니오'로 답하라. 일종의 이미지 트레이닝, 즉 겪어보지 않은 상황을 미리 상상해서 연습하는 과정이라 생각하면 된다. 답을 끝마쳤다면 다음 페이지의 설명을 참조해 잠재의식 속에서 유교의 폐해가 얼마나 강하게 작동하고 있는지 생각해보라.

1. 육아휴직이나 출산휴가를 쓰는 여직원은 민폐다. **예 / 아니오**

2. 상사의 의견이 틀렸어도 회의 중 반론하는 것은 예의가 아니다. **예 / 아니오**

3. 나보다 어린 사람이 나보다 승진을 빨리하는 것은 공정치 않다. **예 / 아니오**

4. 연봉은 수능점수, 토익점수, 출신 대학에 어느 정도 상응하는 게 맞다(나보다 순위가 낮은 대학 출신이 창의적이라고 인정받으면 부당하다는 생각이 든다). **예 / 아니오**

5. 상사는 부하직원보다 모든 것을 더 많이 알고 있어야 한다. **예 / 아니오**

6. 선배는 후배를 코칭해 줄 의무가 있다. **예 / 아니오**

7. 내 일이 끝났어도 야근 때문에 남아있는 직원을 보면 미안하다. **예 / 아니오**

8. 업무능력이 좋으나 인성이 나쁜 사람이 인정받는 것은 불공평하다. **예 / 아니오**

9. 참석하고 싶지 않은 회식에 억지로 남아있는데 핑계대며 빠지는 사람은 이기적이다. **예 / 아니오**

10. 내가 맡지 않은 업무여도 상대방을 도와주는 게 팀워크다. **예 / 아니오**

1. 육아휴직이나 출산휴가를 쓰는 여직원은 민폐다

당연히 답은 '아니오'다. 임신과 출산은 인류에게 가장 큰 행복이자 임무 아닌가. 대부분의 문제는, 아직도 회사가 여성 직원의 기본권을 제대로 보장해주지 않는다는 점이다. 명목상으로는 3개월의 출산휴가 규정이 있으나 그 권리를 행사하면 눈치를 주고 못마땅하다는 분위기를 만드는 게 잘못이다. 그 분위기와 이혼하라. 또한 출산휴가의 공석에서 발생하는 업무를 합당한 수준에서 주변에 인수인계하지 않는 회사 프로세스의 후진성도 문제다. 겉으로는 하나의 문제지만 꺼풀을 벗겨보면 여러 문제가 복합적일 때가 있다. 차근차근 그 문제들을 풀기 위해 이성적으로 판단하라.

2. 상사의 의견이 틀렸어도 회의 중 반론하는 것은 예의가 아니다

반대 의견을 존중하지 않는 문화가 한국기업을 망치고 있다. 회의 중 반론하는 것은 인간으로서의 권리다. 이 말에 당신은 동의하리라. 다만 무조건 반대 의견을 외치라는 게 아니다. 그러면 투덜이로 낙인찍히고 부당한 평판을 얻기 쉽다. 상황상 묵인하더라도 잘못된 점은 절대 잊지 마라. 당신 혼자라도 그 신념을 지켜나가라. 그러지 않으면 나중에 현재의 강압적 상사와 별반 다르지 않은 임원, 관리자가 된다. 당신이 할 수 있는 범위에서 실천하라. 후배에게 다른 선배가 되라. 작은 실천과 강한 신념이 5년, 10년 후 큰 차이를 만든다.

3. 나보다 어린 사람이 나보다 승진을 빨리하는 것은 공정치 않다

'나이 따지기'라는 유교의 공격은 싸워내기 쉽지 않다. 처음 만나는 사람과 용띠인지 소띠인지 따지는, 아마도 전 세계에서 유일한 한국만의 문화다. 그래서 이러한 유교적 풍습과 싸워야 한다. 나이와 실력은 아무런 상관이 없다는 사실을 당신은 안다. 그 상황이 당신에게 아직 일어나지 않았더라도 미리 대비하라. 연공서열의 문화와 이혼하라. 그리고 실력 향상에 집중하라.

4. 연봉은 수능점수, 토익점수, 출신 대학에 어느 정도 상응하는 게 맞다

(나보다 순위가 낮은 대학 출신이 창의적이라고 인정받으면 부당하다는 생각이 든다)

주변에서 가장 흔하게 겪는 유교 공격이다. 공장경제 이후 한국과 아시아 국가는 교육에서 편집증에 가까운 과도한 경쟁을 해왔다. 산업화를 이루는 데 어느 정도 도움이 되었으나 앞으로는 대학간판, 입시점수는 아무짝에도 쓸모없다. 혁신경제에서는 기존의 기계적이고 비인간적 교육으로는 기계와의 경쟁을 이길 수 없다. 결국 승리하는 사람은 항상 배움의 자세를 잃지 않는 창의적 사람이다.

5. 상사는 부하직원보다 모든 것을 더 많이 알고 있어야 한다

핵심 업무에서는 당연히 그렇다. 그러나 모든 것을 더 많이 알 필요는 없다. 심지어는 특정 업무에서 부하직원이 더 많이 알 때도 당연히 있다. 우리는 관리자 역할과 선생님 역할을 구분해야 한다. 선생님은 당연히 해당 과목에 대해 모든 걸 더 많이 알아야 하지만 관리자는 때론 부하직원의 생산성을 돕는 조력자 역할만 해도 될 때가 있다. 아시아 회사들은 누가 무엇을 할 것인가의 직무 정의가 불명확하다. 그러다보니 상사가 모든 걸 더 많이 알아야 한다는 착각을 한다. 상사에게도 부하직원에게도 좋지 않은 업무관계가 되기 쉽다.

6. 선배는 후배를 코칭해 줄 의무가 있다

이 질문은 다소 애매하다. 답은 '아니오'다. 관리자는 부하직원을 코칭할 의무가 있다. 다만 관리자와 선배, 부하직원과 후배를 동일시하지 마라. 물론 선배가 후배를 코칭하는 것은 선배의 자유다. 그러나 직무와 연관되지 않은 인생 선배로서 부하직원을 코칭하는 것은 직장에서 바람직하지 않다. 부하직원의 개인적 부분을 침범하는 형님아우식 관계는 프로페셔널리즘이 아니다.

7. 내 일이 끝났어도 야근 때문에 남아있는 직원을 보면 미안하다

미안하지 않다면 한국적 정서가 아니다. 그러나 미안한 감정과 올바른 프로세스는 별개의 문제다. 미안할 시간에 당신을 위한 투자를 하라. 반대로 무의식적, 반복적 야근을 직원의 성공과 연관 짓는 회사라면 그 어두운 미래는 금방 현실이 될 것이다.

8. 업무능력이 좋으나 인성이 나쁜 사람이 인정받는 것은 불공평하다

다소 질문이 애매하다. 도대체 인성이란 무엇인가? 상대를 비인격적으로 대하거나 조직의 사기를 떨어뜨리는 것이 아니라면 인성과 업무는 큰 상관이 없다. 그러나 우리는 사람의 태도에 집착하는 유교적 마인드가 있다. 비즈니스를 하면서 점잖아야 하고 인사성이 밝아야 하는 이유를 알 수 없다. 물론 리더로서 존경받기 위한 모범적 태도는 중요하다. 그러나 그것을 인성이라고 뭉뚱그리지 마라.

9. 참석하고 싶지 않은 회식에 억지로 남아있는데 핑계대며 빠지는 사람은 이기적이다

답은 '아니오'다. 나라면 핑계를 대고 빠지는 사람의 당당함을 부러워하겠다. 참석하고 싶지 않은 회식에 남아있다면 그것은 전적으로 당신의 문제다. 남과는 아무 상관없다. 그가 이기적이라고 생각하는 것은 유교 관념이 조종하기 때문이다. 모두 논에서 일하는데 혼자서 딴짓하는 사람이 있다면 손가락질하는 것과 같다. 개인주의와 이기주의를 구분하라.

10. 내가 맡지 않은 업무여도 상대를 도와주는 게 팀워크다

아니다. 나와 연관 있는 업무라면 당연히 도움을 줄 수 있지만 관련이 없다면 상대를 도와주는 것은 품앗이나 마찬가지다. 품앗이로 조직이 돌아가면 그 회사는 농경사회다. 남에게 정으로 도움을 청하는 사람도 잘못됐고, 측은함에 도와주는 사람도 잘못됐다. 책임과 권한이 불분명하면 올바른 협업은 존재할 수 없다.

호기심이
당신의 새로운 학벌이다

제4강

민첩한 배움

자신을 둘러싼 세상에 대한 호기심
그 호기심을 풀기 위해
끊임없이 배우는 습관이
새로운 학벌의 의미가 되어야 한다

이 질문을 항상하라
'나는 남들보다 호기심이 부족하지는 않은가?'
호기심이 가득하다면 자부심을 가져라
부족하다면 스트레스를 받아라
그것이 새로운 학벌이기 때문이다

"슬라이드는 끄세요."

며칠 동안 공들여 준비한 슬라이드를 스크린에 막 띄우자마자 파비오가 한 말이었다. 좀 황당했다.

"네? 다시 말씀해주시겠습니까?"

"한 시간 안에 우리가 할 수 있는 얘기는 슬라이드 몇 십 장보다 더 많죠. 나는 이언 씨와 대화를 나누고 싶어요."

중국에서 근무할 무렵, 이탈리아인 파비오가 명품 글로벌회사의 범중국권 회장으로 막 부임했을 때였다. 그 명품그룹은 내가 몸담고 있던 합작사가 소속돼 있었기에 그에게 사업 브리핑을 하게 되었다. 짙은 수트를 입고 온 파비오는, 크지 않은 체구에 나지막한 목소리를 지닌 60대 초반의 신사였다. 시종 웃음을 잃지 않는 말투와 몸짓에는 외유내강의 확신이 차 있었다. 그런데 브리핑이 시작되자마자 슬라이드를 꺼달라니.

"내 그룹사 임원도 아닌 당신에게 굳이 세세한 사업 이야기를 듣고 싶지는 않습니다. 브리핑을 진행할 시간에 차라리 제3자이자 소비자로서 당신이 바라본 우리 그룹에 대한 솔직한 이야기를 듣고 싶습니다."

"네, 알겠습니다."

경영 고수와의 만남

나는 스크린에 검정 화면을 띄워놓은 채 파비오 회장과 한 시간을 이야기했다. 그와의 한 시간은 지금까지 내 경력을 통틀어 가장 지적인 대화 중 하나였다. 나는 파비오가 지닌 지식의 깊이와 폭에 30초마다 한 번씩 감탄했다. 짧은 시간이었지만 대화의 주제는 광범위하고 깊었다. 그룹의 인수합병 전략의 장단점, 유럽 위기와 유로화의 미래, 중동 신흥부자들의 쇼핑 트렌드, 중국의 제2도시군의 형성 과정, 세계경기 선행지표들에 대한 해석, 일본 부동산 개발업체들의 현황과 미래, 미국의 경기부양 정책의 숨은 뜻, 한국의 면세점 경쟁구도 등… 그 경험은 마치 경제학자들을 초청한 조찬모임과 컨설팅회사의 프레젠테이션을 1년 치 모아놓은 양에 맞먹을 정도의 고난이도 지식을 습득하는 배움의 시간이었다.

게다가 파비오는 내 예상과 상당히 다른 스타일이었다. 지긋한 나이에도 눈빛은 청년처럼 호기심에 가득 차 있었다. 나를 가르치려 하거나 지식을 뽐낸다기보다는 사실에 근거한 지적 대화를 하고 싶어 하는 열망을 읽을 수 있었다. 권위적 모습이라곤 전혀 찾아볼 수 없었다. 많은 유럽 출신의 최고경영자처럼 콧대가 높지도 않았다. 사람들과 이야기하는 것을 상당히 좋아해서 그날 나에게 쉬지 않고 말을 했지만 중간중간 내 이야기를 진솔하게 경청했고, 회장 대 직원이 아닌, 인간 대 인간으로서의 대화를 즐겼다.

그 만남으로부터 몇 달 후, 파비오는 그룹사 전체 마케팅 디렉터들을 모아 워크숍을 열었다. 선례가 없던 일이었다. 계열사마다 경쟁관계에 있는 마케팅 디렉터들은 상당히 불편해했다. 나도 참관 자격으로 초청을 받았다. 계열사 사장들은 배석이 없는 순수한 부서 워크숍이었다. 그룹 회장이 마케팅 분야만을 따로 떼어 워크숍을 한다는 게 특이했다. 그가 변화를 원했기 때문이었다. 단순한 컨트롤타워 역할이 아닌 고차원의 컨설팅 역할까지 그룹 본사에서 제공해야 한다는 믿음이 강했다.

처음에는 사장 경력뿐인 파비오가 과연 마케팅 회의를 잘 이끌어 나갈지 의구심이 들었지만 그 의구심은 10초 만에 사라졌다. 그는 좌중을 압도했다. 대부분 홍콩, 대만, 프랑스인들이었던 참석자들은 하루 내내 조용했다. 파비오는 마케팅의 여러 분야에 이미 상당한 지식을 갖고 있었을 뿐 아니라 나름대로의 답도 이미 갖고 있었다. 점포의 상품진열 방식, 디지털 미디어가 끼치는 소비자의 쇼핑 행태 변화, 업종별 가격민감도 분석방법론, 연예인과 계약할 때의 주의점, 세부 소비자 집단별 쇼핑주기와 수익성, 점포 인테리어 디자인의 트렌드, 매체구매의 대행사 선정 방식 등 거의 모든 분야를 완벽히 이해하고 있었고 시각도 뚜렷했다. 말투는 무겁지 않았지만 확신이 있었고 참석자들이 자신의 말을 이해하는지 중간중간 확인도 했다. 질문에는 성실히 답했고, 시종일관 웃음을 잃지 않았다.

나는 서구기업이건 동양기업이건 20년 경력을 쌓는 동안 다양한 최고경영자를 적지 않게 만났다. 그들의 성향은 크게 다르지 않았다. 대부분 자신의 비즈니스 세계에서 깊은 지식을 갖고 있었다. 하지만 그 지식은 넓지 않았고 모르는 분야나 약점이 늘 있게 마련이었다. 그러면서도 대부분 최고경영자는 다소 강압적이었다. 종종 권위에 의해 무지가 가려졌고, 모르는 것조차 아는 척하는 구석이 있게 마련이었다. 그러면서도 주로 하는 말은 대화보다 명령에 가까웠다. 거꾸로 얘기하면, 경영에 필요한 모든 통찰을 소유하고 있다기보다 조직 명령권자로서의 상징적인 존재일 때가 많았다.

그래서 나는 파비오처럼 최상층의 전략부터 최전선의 실행에 이르기까지 전혀 막힘없는 지식과 논리를 가진 사람은 좀처럼 만나지 못했다. 파비오와의 만남 후로 한동안 어떻게 이토록 완벽한 사람이 있을 수 있을까 하는 의문이 머릿속에서 떠나지 않았다.

직장인에게 지식이란

국가와 회사가 나를 지켜줄 능력이 없고, 경쟁 범위는 갑자기 무한해진 새로운 경제 환경, 하지만 시대에 뒤떨어진 유교문화에 아직도 깊게 빠져있는 한국 직장인에게 새로 배워야 할 것은 참으로 많다.

그런데 배움이란 무엇인가? 말장난 같지만 배움 자체를 다시 배워야 한다. 유교의 폐해 때문에 배움이라는 단어는 가장 잘못 이해하고 있는 단어 중 하나다.

이제 상징적인 존재로서 기업의 최상층에 군림해오던 CEO조차도 살아남기 쉽지 않은 세상이다. 글로벌기업의 CEO 수명은 계속 짧아지고 있다. 예를 들어 〈포춘〉 500대 기업의 최고경영자 수명은 평균 4년 정도가 고작이다. 다른 업계 출신의 최고경영자를 뽑는 경우도 점점 증가하고 있다. 한 업계나 회사에서 30년 넘게 전문가가 된 사람이 CEO가 되는 게 더 이상 무조건적 성공방정식이 아니다. 예전에는 그랬다. 경영지식이 제한적인 산업사회에서는 좋은 학교와 우수한 기업에서 훈련된 소수의 몇 명만이 경영지식을 갖고 있었다. 하지만 혁신경제가 되면서 지식의 독점이 무너졌다. 소위 일류 경영대학원에서 훈련받았다고 훌륭한 경영자가 된다는 보장도 없다. 기업에서 앞으로 요구되는 CEO의 능력은 출신 배경이 아닌, 복잡해진 경영과제를 해결할 수 있는 능력이기에 그렇다. 그 능력은 박사학위처럼 한 분야의 깊이를 뜻하지도 않고, 위키피디아처럼 얕고 잡다한 지식을 뜻하는 것도 아니다. 깊이와 넓이 둘 다를 요구한다. 어려운 이야기다.

파비오는 30여 년의 경력을 가진 경영인이었다. 많은 경험을 쌓았기에 상당한 경영 지력을 갖고 있었지만 내가 특히 놀란 점은 최신 뉴스와 이론에도 밝았고, 그 데이터를 자신만의 경영지식으로 변환하는 데도 탁월했다. 예를 들어 페이팔Paypal 등 새로운 전자결제 시장의 미래에 대해서도 훤하게 이해하고 있었다. 끊임없이 배우고 생각하는 스타일이라는 뜻이었다. 젊은 나보다도 더 많은 것을 배우고 더 많은 시간을 투자하지 않고서는 그런 지력이 완성될 수 없다.

파비오와 대화를 나눌 때마다 나는 부끄러웠다. 나는 어디쯤 있는가 하는 질문이 떠나지 않았다. 내 독서량도, 생각에 쏟는 시간의 투자도 부족함을 깨달았다. 내가 스스로 국적, 나이, 배경, 경력 등의 한계점을 상정하며 살고 있다는 것도 깨달았다. 평소에 '이 정도면 됐어'라는 자기합리화를 자주 한다는 사실도.

졸업장만 따면 배움은 끝?

파비오는 최고경영자였지만 이 일화가 나를 포함한 직장인에게 던지는 질문은 중요하다. 우리가 깊게 빠져있는 착각을 일깨워주기 때문이다. 경영학과, 산업공학과, 컴퓨터공학과 등 특정 학력을 갖추었거나, 전략 부분 10년, 재무 경력 20년, 마케팅 경력 15년 등 특정 경력이 있다면 직무를 수행하는 데 아무런 문제가 없다고 착각한다. 틀린 말은 아니다. 이전 산업사회에서는 그랬다. 업무가 분업 위주의 단순반복 업무였고 정형화되어 있었으니 당연했다. 대학, 대학원 교육이 그렇게 고안되어 있었다.

하지만 업무 사이의 벽은 이미 무너지고 있고, 직장인에게 요구되는 능력은 단순 지식의 총합이 아닌 창의성 등 문제해결 능력인 세상이 되었다. 그런데 교육은 그 변화의 속도를 못 쫓아간다. 그래서 졸업장과 짬밥으로 직장생활을 할 수 있다는 생각은 크나큰 착각이다. 나 역시 이런 변화에 대해 막연히 생각해본 적은 있었으나 현실에서 파비오처럼 항상 공부하고 깨어 있고 대화하는 사람을 직접 만나니 크게 깨닫게 되었다.

자, 이 깨달음을 어떻게 이용할 것인가. 그 전에 우리가 빠져있는 착각의 깊은 늪으로 한번 더 들어갈 필요가 있다. 한국 사회의 시간을 30년만 되돌려보자.

산업사회의 표준화에 필요한 통제와 효율에 대한 지식은 절대적 미덕이었다. 이 지식체계를 신속히 건설하는데 유용했던 툴은 바로 시험이라는 장치였다. 공장이 돌아가고 기초적인 행정과 법률을 만들고 개인이 톱니바퀴가 되어 거대한 제조업 국가를 만드는 과정에서 꽃을 피운 것은 고시였다. 단순히 사법고시, 외무고시, 행정고시만을 뜻하는 것은 아니다. 대학입시, 입사고시, 언론고시 등 고시 형태의 사람 걸러내기 문화를 말한다.

지식의 양으로 사회의 서열을 정해놓아야 공장국가가 효율적으로 돌아갔기 때문이다. 이 장치들은 '한강의 기적'에 더 없이 잘 맞아떨어졌고, 부모세대는 그것을 철썩 같이 믿었다. 문제는 그것이 과거제도와도 같은 신분 상승의 역할을 했다는 데 있다.

뿌리 깊은 유교문화는 고시를 패스하면 그 신분이 대대손손 영원하다는 미신 수준이 됐다. 형태적으로 이것은 민주적 과정이었다. 실제로 개천에서 용이 많이 났다. 누구에게나 고시의 문호는 열려 있었다. 사람들은 '용'이 되기 위해 10대와 20대의 삶을 기꺼이 포기했다. 이 미신을 바로잡지 못하고 매스미디어는 등수문화, 고시문화를 여전히 '객관적 정답'으로 주입시켜왔다.

한탕주의 사회

그래서 고시문화라는 동전의 뒷면에는 한탕주의가 숨겨져 있었다. 한번 판사가 되고, 명문대를 나오고, 기자가 되고, 외교관이 되고, 교수가 되면 인생이 그 자리에서 바로 멈춘다. 왜? 과거에 급제했으니까! 조상님이 자랑스러워할 집안의 명예니까! 25세의 젊은이가 고시에 패스하면 '영감'이라고 부르는 이유가 여기에 있지 않을까. 이 한탕주의 게임은 시작이 공정했기 때문에 반대하는 사람이 없었다. 오히려 그 게임을 절대화했다. 그러면서 우리는 크나큰 실수를 한다.

한탕주의 게임이 배움의 권리를 박탈한 것이다. 인간에게 가장 중요한 권리 중 하나인 교육은 한국에서 왜곡된 정의를 갖게 되었다. 결과적으로 다음의 명제를 세뇌시켰다.

배움에는 끝이 있다.

시험이 끝나면 작은 해방이 주어진다. 수능시험이 끝나면 아이들은 학교에 가서 하루 종일 잔다. 시험이 최종 목적지이니 목적지에 도착한 후엔 다른 아무것도 할 필요가 없다. 생각하는 법을 배우려 학교에 다니는 게 아니라 시험을 준비하러 학교에 다닌다. 그렇게 생각할 줄 모르는 바보가 된 아이가 회사에 신입사원으로 입사하면 거대한 공장의 톱니바퀴가 된다. 한탕게임에서는 학벌이 전리품이기에 이제 전쟁은 끝났다. 더 배울 게 없다.

한국 언론에는 다음과 같은 기사 제목이 종종 뜬다. '19년 근속 연수, 신의 직장', '평균 연봉 1억 3천, 신의 직장'. 이런 기사들을 보면 한국 사람의 심리 속에 "한번 잘 들어간 직장에서는 별다른 자기계발 없이도 안전한 인생을 소유할 수 있다."는 묘한 정서가 있다. 그렇게 시간이 흘러 관리자가 된 중년은 세상이 어떻게 돌아가는지 관심이 없다. 중산층은 사라졌고 경쟁은 글로벌화 됐는데 지적 호기심은 커녕 야근을 왜 하는지도 모르는 채 습관처럼 퇴근을 미룬다. 회사 입장에서는 직원들을 공부시킬 필요를 못 느낀다. 배움이 끝났으니 '인성'으로 사람을 고른다. 그래서 사람을 채용한다는 의미는 졸업장이라는 의미 없는 자격증을 구매한다는 뜻이 되어버렸다. 직원의 생각하는 능력을 산다는 의미가 아니다.

창조경제를 하고 싶은데 관리자의 습관을 바꿀 생각은 않고 출퇴근 시간을 바꾸는 착각을 한다. 파비오 같은 CEO가 한국에 없는 이유다. 교육은 정규교육으로 종료된다는 이 잘못된 내재적 관념, 배움에 끝이 있다는 미신을 유교인형에게 버려야 한다. 그렇지 않으면 개인도 기업도 살아남을 길이 없다. '버림' 없이는 배움의 길 역시 만만치 않다. 미래의 직장인에게 필요한 배움은, 지식의 절대적 양이 아니라 배우려는 자세와 태도이기 때문이다.

민첩한 배움이 필요한 시대

배움의 자세를 바꿔야 하는 외적 환경을 살펴보자. 정보의 홍수라는 단어가 나온 지 수십 년이 넘었지만 이젠 정보 쓰나미 시대에 살고 있다. 물론 쓰레기 정보도 그만큼 늘었지만 정보의 생산과 공유 속도, 범위는 기하급수적으로 늘었다. 소셜미디어, 클라우드 컴퓨팅, 모바일 기술 등 때문이다. 게임을 바꾸는 또 다른 동인은 세계화다. 정보 공유는 세계적 차원에서 이루어지며, 물리적으로도 인류는 이렇게까지 가까운 공동체를 만든 적이 없다.

회사도 마찬가지다. 산업이, 경쟁이 어떻게 변할지 그 불확실성은 앞으로 더 증대된다. 기존 산업들의 거대화, 세계화, 몰락. 신규산업 시장진입의 가속, 신흥국의 가능성, 국제정치의 변화가 주는 기업활동의 영향, 환경문제와 소비자의 영향력 증대 등 기업들이 언제 어디서 왜 그렇게 빠른 속도로 변화가 일어나는지 예측하기란 더욱 어려워진다. 그래서 직장인에게 배움의 방법은 끈기와 시간투자뿐이다. 이것이 새로운 배움의 공식이다.

내가 만난 파비오 같은 이들에게는 이 배움의 공식이 체질화되어 있었다. 하지만 역설적이게도 이 소식은 '보통' 직장인에게도 좋은 뉴스다. 특정 시험도, 특정 회사도, 빠른 승진도 아닌 시간과 노력이 그 공식의 가장 중요한 재료이기 때문이다.

글로벌 인재 컨설팅 업계에서는 이 역량을 '민첩한 배움'이라 부른다. 정적인 개념의 학위가 아니라 항상 무엇인가를 배우고 향상시키는 역량이 직장인에게, 특히 기업 리더에게 가장 중요하다. 세계 유수의 경영대학원에 진학하는 직장인의 숫자가 예전처럼 높지 않다. 그 학교를 나와도 성공한다는 보장이 적어졌다. 공장경제의 시대가 저물고 있기에 그렇다. 투자은행이나 경영컨설팅 회사의 사업도 예전 같지 않다. 고급 경영정보는 민주화되었고, 방대한 자료분석은 컴퓨터가 대체하고 있기 때문이다.

그런 배경에서 이 역량은 직장인에게 가장 중요한 덕목으로 여겨지고 있다. 인재 컨설팅기업 콘페리Korn Ferry는 민첩한 배움을 이렇게 정의한다.

경험에서 배우고 거기에서 얻은 교훈을
새로운 상황에 적용하려는 의지와 능력

콘페리의 연구결과에 따르면 민첩한 배움은 전통경영학에서 중요시 되어오던 지적능력IQ이나 감성능력EQ보다도 월등히 더 중요한 미래성공의 지표가 되었다. 기업에 이 역량을 가진 관리자와 직원이 많을수록 성공적이라는 연구결과다. 또한 고성장 경제의 전통적 경영관에서는 경영환경의 변화가 느리고 예측가능한 상황을 가정한다. 대부분의 직원이 승진을 한다는 전제가 있다. 정보가 독점된 공장경제 시절에는 직원이 승진 이후 고급정보를 접하고 그에 따른 배움을 통해 성장한다. 그러나 경영환경이 급속히 바뀌면서 이 명제는 먹히지 않게 되었다. 세계화, 정보의 민주화가 만들어낸 무한경쟁, 정보의 홍수, 예측 불확실성 등의 새로운 경영환경에서는 개인이 지금 당장 현재 업무에서 성장하고, 적응하고, 진화해 나가지 않으면 승진 자체를 할 수 없다.

그래서 배움 자체의 패러다임이 기업에서 간부교육을 시켜줄 때까지 기다리는 것이 아니라 매순간 배우는 '자세'로 바뀌어야 한다. 배움이 출신대학이나 출신기업의 간판이 아니라 새로운 도전을 찾는 습관, 자신에 대한 피드백을 구하려는 노력, 스스로를 반추하고 업무를 새로운 배움으로 재편성하는 행동, 관찰을 통해 새로운 패턴을 찾아내려는 호기심, 남들이 놓치는 통찰을 배움과 연결시키려는 노력 등 민첩한 배움은 '매순간 배우려는 개인의 습관과 실천'을 뜻한다.

이제는 호기심이 새로운 학벌이다

표준화 교육인 정규교육은 죽었다. 산업사회에서 배움이 학위를 뜻했다면, 지식경제 사회에서 배움은 습관이자 실천이어야 한다. 공장경제에서 배움이 '목적'이었다면 혁신경제에서는 '자세'여야 한다. 학벌이 산업경제 시절의 인생 목표였다면 이제는 하나의 과정이자 자격증일 뿐이다. 그래서 가장 먼저 실천해야 할 일은 학벌에 대한 자만감(혹은 자괴감)을 버리는 일이다. '내가 최상위 대학을 졸업했으니 억대 연봉은 받아야지'라거나 '난 이류대학을 나왔으니 더 좋은 직장은 언감생심이야'라는 생각 모두 틀렸다. 대학졸업장과 사회적 지위를 혼동하는 유교적 마인드에서 벗어나라. 직장인으로서 당신의 목표는 이제 '내가 항상 배우고 있는가'라는 질문으로 바뀌어야 한다.

그 자세가 준비되었다면 다음으로 해야 할 일은 호기심에 대해 질문을 던지는 일이다. 혁신경제에서 배움의 범위는 넓고 요구되는 전문성은 깊다. 그 배움은 평생을 함께하는 여행인데 호기심이라는 엔진이 없으면 1박 2일 혹은 작심삼일이다. 민첩한 배움의 근간은 그래서 세상사에 대한 호기심이다. 자신을 둘러싼 세상에 대한 호기심, 그 호기심을 풀기 위해 끊임없이 배우는 습관이 새로운 학벌의 의미가 되어야 한다.

이 질문을 항상하라. '나는 남들보다 호기심이 부족하지는 않은가?' 호기심이 가득하다면 자부심을 가져라. 부족하다면 스트레스를 받아라. 그것이 새로운 학벌이기 때문이다.

학벌을 창피하게 느껴본 적이 있는가? 입사지원에서 출신학교가 최상위권이 아니라서 떨어졌다는 말을 들어본 적이 있는가? 학점에 사무치는 후회를 해본 적이 있는가? 학점 때문에, 전공과목 때문에 하고 싶은 직무를 못 맡는다는 피드백을 들어본 적이 있는가? 앞으로는 그 고통과 상처만큼 호기심에 대해 집착해야 한다. 항상 배우려는 에너지가 없다면 그것을 창피해 하라. 얼굴이 붉어지고 쥐구멍으로 숨고 싶어져라. 그래야 미래가 있다. 세상과 사물에 대해 끊임없이 궁금하고 스스로 공부하는 자신을 발견하지 못하면 뼈에 사무칠 만큼 후회스러워야 한다. 졸업장과 성적표에 매달려 사는 직장인의 인생에서 탈출하라.

열린 대화가 중요하기 때문에 호기심은 더욱 필요하다. 남들과의 대화 없이는 정규교육에서 못 찾는 통찰과 혜안을 키울 수 없다. 지식에 대한 높은 갈망만으로 배울 수 있다면 도서관에 가면 될 일 아니겠는가. 그러나 민첩한 배움은 지식의 파편을 모으는 행동과는 거리가 멀다. '앎'을 '깨달음'으로 승격시키기 위해서는 끊임없이 생각해야 하고, 내 생각을 대화를 통해 검증해야 한다. 당신은 나이와 직급에 상관없이 세상에 대한 호기심으로 사람들과 열린 대화를 하는가? 그렇지 않다면 당신의 호기심은 반쪽짜리 호기심이다.

대학에서 얄팍하게 배운 지식과, 업무를 하며 쌓은 꼼수로 배움이 끝났다고 생각하면 미래는 없다. 직급이 높은 사람이 더 많이 안다고 지레짐작하거나, 어린 사람이 당신보다 혜안이 없다고 생각하지는 않는가? 그렇다면 혁신경제 시대에 살아남을 확률은 지극히 낮다. 사람들에게 끊임없이 배우고 그것을 당신의 통찰로 변환시켜라. 그 호기심만이 새로운 학벌이다.

민첩한 배움은 그래서 좌뇌의 깨달음만을 의미하지는 않는다. 사람에 대한 호기심이고 내 지식에 대한 호기심, 나 자신에 대한 호기심이다. 내가 경험하는 것에 대해 늘 궁금해 하라. 무엇을 배우고 깨닫는지 매일 의아해 하라. 그 배움을 새로운 환경에 어떻게 써먹을 수 있을지 고민하라. 당신만의 창의적 해법을 찾는 일, 그것이 직장인에게 필요한 새로운 배움이다.

실전 특강

무엇을 어떻게 항상 배워야 할까?
구체적으로 무엇을, 어떻게, 언제, 어디에서 배울지 정리해 보았다.

무엇을 : 글로벌 시각과 전문 지식을 배워야 한다

• 글로벌 시각

현재 글로벌기업에 근무하거나 국제적 업무를 하는 사람에게만 해당되는 게 아니다. 우리 생활 깊숙이 세계가 들어와 있고, 앞으로 세계경제의 단일화는 더 가속화된다. 매일 피부로 느끼지 못하더라도 세상이 어떻게 돌아가는지 먼저 알고 있어야 한다.

• 전문지식

자신의 분야에서 가장 최신의 지식을 갖고 있어야 한다. 인터넷 덕분에 지식에 대한 인류의 접근은 어느 때보다 평등해졌고, 심지어 후진국 대학생이 미국 유학을 다녀온 한국 직장인보다 전문적 지식이 더 풍부할 수도 있다.

어떻게 : 배우는 방법은 다양하다

• 웹 사용법

한국언론의 경제기사를 경계하라. 한국언론의 경제 분야 중에는 정부나 기업의 홍보성 기사가 많다. 세상을 읽는 데 큰 방해가 된다. 영어 실력이 뛰어나지 않더라도 고급 영문정보를 어렵지 않게 접할 수 있다. 〈월스트리트저널〉 한국어판을 읽어라. 계속 반복해서 읽고 영어 원문기사를 비교하며 읽다보면 세계경제뿐 아니라 한국경제가 돌아가는 진짜 모습이 보인다. 그밖에 영어기사를 번역해주는 웹사이트들도 많다. 뉴스페퍼민트http://newspeppermint.com와 같은 웹사이트를 항상 가까이 하고, 원문기사를 꼭 읽어라. 그렇게 1~2년 훈련을 하면 자신의 시각이 생긴다.

• 책 사용법

어려운 경제경영 서적을 무작정 따라 읽지 마라. 한국인의 안 좋은 습관 중 하나가 남들이 읽으니 덩달아 읽는 독서습관이다. 나에게 당장 도움이 되는 전문서적이 중요하다. 나만의 지식체계를 갖춘 후 어려운 이론서를 읽어도 늦지 않다. 대학학부 수준의 경제경영 교과서를 원서로 읽기를 추천한다. 자신의 업무에 해당되는 챕터를 몇 주일 혹은 몇 달 동안 탐독하면 공부 속도도 붙고 업무 연관성도 있어 지루하지 않다. 교과서의 케이스 스터디 사례를 잡지 읽듯 읽으면 흥미도도 올라간다.

• 백서 사용법

한국 내 경제경영연구소에서 발간되는 각종 보고서를 너무 가까이 하지 마라. 그 내용은 종종 대기업이나 정부 등 이해집단의 홍보를 위해 쓰여질 때가 많다. 차라리 보스턴컨설팅Boston Consulting Group, 맥킨지McKinsey & Company, 딜로이트Deloitte 등의 글로벌 컨설팅회사나 경제협력개발기구OECD, 국제통화기금IMF 등의 국제기구가 무료로 발행하는 백서를 다운받아 읽어라. 자신의 업무에 해당하는 내용을 꾸준히 읽으면 글로벌 시각도 생기고 더 자세한 정보의 원천도 배우게 된다. 전문지식이 필요하면 도서관을 활용할 수도 있다. 디지털 시대지만 전문 논문은 대부분 유료이기에 도서관을 이용할 줄 알아야 한다.

• 스터디그룹 사용법

영어가 어려우면 스터디를 짜보는 것도 방법이지만 스터디를 운영할 때는 행동강령을 명확히 하라. 효율적으로 공부하고 도움 받는 방식을 추구하고, 엇비슷한 수준보다 다양한 수준의 멤버로 구성하는 게 효과적이다. 예를 들어 영어 실력이 좋으나 전문성이 부족한 멤버와 그 반대 경우의 멤버라면 상호 이익이다. 항상 스터디그룹의 해산 일정을 정해놓아라. 그렇지 않으면 친목단체로 둔갑하기 쉽다.

• 집중하라

글로벌 정보도, 전문성도 나만의 시각 없이는 무용지물이다. 나아가 SNS나 인터넷을 통한 정보소비의 단점도 잘 알고 있어야 한다. 정보의 쓰나미와 모바일 기기의 보급 때문에 조각조각 흩어진 단편 지식들만 접하다 하루가 다 간다. 그러면서 공부했다는 착각을 하게 된다. 배움의 범위를 좁혀라. 내게 전문지식과 시각을 제공하지 않는 정보원은 과감하게 끊어서 효율성을 높여라.

• 정리하라

효율을 높였으면 정리를 하라. 링크만을 잔뜩 복사해서 저장하는 게 정리가 아니다. 나만의 시각으로 해당 정보를 한 문단으로 요약정리하라. 그런 요약정리를 한 달, 두 달 간격으로 리뷰하라. 개별 요약 사이의 패턴을 발견하고 다시 또 요약하라. 이 과정은 '쓰기' 작업이다. 읽기만으로 나만의 시각이 절대 생기지 않는다. 써야 한다. 그래야 내 것이 된다. 디지털로 쓸 수도 있고 아날로그로 쓸 수도 있다. 어떤 방식이건 가장 빨리 메모하고, 그 메모의 장소로 손쉽게 다시 찾아갈 수 있는 방식을 택하라. 나는 아날로그 방식을 권유한다. 아직까지 공책보다 색인력이 뛰어난 디지털 메모 프로그램은 접하지 못했다.

• 대화하라

쓰는 습관이 들면 나만의 시각이 생긴다. 거기에서 끝나지 않는다. 타인과 대화를 해야 한다. 대화만이 시각을 객관화, 공고화한다. 회사에서 직원끼리의 만남만을 뜻하지는 않는다. 관심사가 비슷한 SNS에서의 대화도 가능하다. 질문을 하고 내 생각을 다양하게 피력해보라. 인터넷 예의를 지키면서 대화하다 보면 배움의 길은 열려있다.

• 응용하라

읽고, 쓰고, 나만의 시각이 생겼다면 그것들을 또 다시 연결해야 한다. 영문 경영 교과서의 이론, 컨설팅회사의 백서, 지난 몇 달 동안 인터넷에서 배운 지식을 업무에 반영해보라. 이 실천이 민첩한 배움의 마지막 단계이자 완성 단계다.

언제 : 배움의 시간 관리

- 무한 야근의 생활에서 언제 시간을 내서 배울 것인가의 문제다. 시간을 만드는 방법은 의외로 간단하다. 무의미한 시간을 먼저 줄여라. 카카오톡과 페이스북에서 무의미하게 보내는 시간을 줄여라. 한국 웹사이트에서 무가치한 댓글을 보는 시간도 없애라.
- 아침 업무 전 20분, 약속시간 전 20분 등 이동하는 일정을 20분만 앞당겨라. 그리고 그 시간에 공부하라. 시간을 엄수하게 되는 보너스도 따라온다. 호기심이 크다면 이 정도 실천은 자연스럽게 된다.

어디에서: 배움의 공간관리

- 계속되는 회의와 야근의 직장생활에서 독서 공간을 확보하는 것도 사실 벅차다. 하지만 숨은 공간을 잘 생각해봐야 한다. 지하철로 하는 출퇴근 동안 재밋거리의 콘텐츠만을 소비하고 있지는 않은가? 대중교통 수단을 배움의 공간으로 바꿀 수 있다. 출장길 역시 좋은 공부 공간을 제공한다. 혼자서 가는 출장이 있다면 많은 양의 공부를 단시간에 할 수 있다.

- 점심시간을 활용하라. 처음엔 주변에서 이상한 눈으로 볼지 몰라도 일주일에 한 번만이라도 점심을 혼자 먹으면서 독서를 하라. 업무공간에서 하는 공부는 관련 자료가 가까이 있기 때문에 집중도와 효율성이 높다.

그래서
당신이 하고 싶은 건 뭐죠?

제5강
비전

가끔 남의 인생을 살아가고 있다는
생각을 해본 적이 있지 않은가?

직장방정식 2.0은
온전히 자기 인생의 주인이 되는
자아가 간절하게 부르짖는
내면의 목소리를 찾아가는
길고 험하지만
반드시 해야 할 여행이다

일본에 살던 어느 겨울이었다. 유난히 빡빡한 국제출장 일정에 시달렸던 그 겨울은 막바지에 접어들고 있었다. 유럽에 머물다가 아시아로 돌아오는 여정에서 운항 일정이 꼬여버린 비행기 시간 때문에 홍콩국제공항 라운지에 갇혀 있었다. 다행히 나와 일정이 같은 동료들이 몇 명 있어서 지루하지는 않았다. 우리가 라운지에 들어선 지 30분쯤 흘렀을까, 동료 한 명이 우연히 지인을 만났다. 스타벅스 아시아 지역 인사부 부사장 조나단이었다. 떠들썩한 인사가 오갔고, 조나단은 내 동료와 이런저런 환담을 나누다가 나와도 인사를 했다.

커피와 사랑이 대체 무슨 상관이죠?

조나단이 스타벅스 인사부 중역이라는 소개를 받고 나는 스타벅스의 기업문화에 대해 물었다.

"스타벅스에서 일하는 건 어때요?"

"저는 신입사원이나 마찬가지예요. 입사한 지 1년이 채 안 됐죠."

20년 넘는 경력의 다국적기업 인사부 베테랑이라고 소개받았지만 조나단은 겸손했다.

"그래서 내가 단정적으로 이야기하기는 좀 무리지만요……."

그는 조심스럽게 말을 이어갔다.

"한 가지 확실한 건, 우린 '사랑'에 대해 자주 이야기하는 편이에요."

뜻밖의 답에 나는 귀를 의심했다. 한편으로는 호기심이 커졌다.

"네? 사랑이요? 자세히 설명해주실 수 있나요? 커피와 사랑이 무슨 상관이죠?"

조나단은 입가에 따뜻한 미소를 지으며 대답했다.

"우리는 커피를 파는 회사라기보다는 손님에 대한 배려를 파는 곳이죠. 바리스타에게 커피는 매개체일 뿐이고, 그가 실제로 선사하는 것은 사랑이죠. 우린 그래서 자문을 많이 합니다. '고객을 오늘도 사랑했느냐'고요. 사랑이야말로 스타벅스의 비전이죠."

사랑, 아마도 세계에서 제일 유명한 다국적기업의 인사부 중역으로부터 들을 수 있는 가장 마지막 단어일 것 같은 이 말을 들었을 때 뒤통수를 강하게 얻어맞은 느낌이었다. 매출을 많이 올리고 다른 기업보다 앞서야 생존할 수 있는 치열한 현실에서 사랑이라는 단어는 낯설게 다가왔다. 조나단의 말은 중요한 화두를 던졌다. 과연 직업이란 우리에게 어떤 의미인가? 직업의 비전은 무엇인가? 우리는 직장에서 회사와 동료, 고객을 사랑하며 일할 수 있을까?

이 질문은 이 책에서 가장 핵심이자 주춧돌이 되는 질문이다. 그러면서도 가장 대답하기 어려운 질문이다. 머릿속의 '잘못된 답'의 힘이 워낙 강하기 때문이다. 마치 영화 〈트루먼 쇼〉의 상황과도 같다. 도시, 가족, 회사, 친구, 이웃, 집…… 모든 것이 허구로 만들어진 리얼리티쇼의 주인공 트루먼은 인생을 통째로 속아서 살아왔다. 그 자신만이 리얼리티쇼에서 살아오고 있음을 모른다. 수천 대의 몰래카메라로 둘러싸인 허구는 그에게 완벽해 보이기만 했다.

우리에게 직업이란 게 그렇다. 지난 100여년 동안 직업의 의미에 속아왔음에도 알아차리지 못한다. 조나단의 '사랑' 이론이 허무맹랑하게 들리는 이유다. 그래서 사랑 이론을 논하기 전에 잘못된 답에 대해 먼저 이야기해야 한다.

직장방정식 1.0

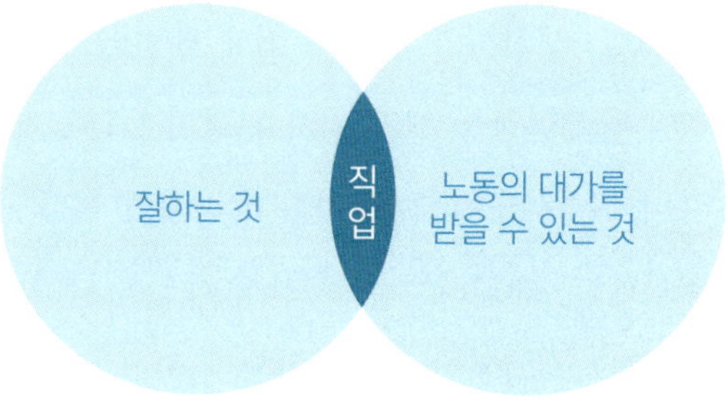

오늘날 우리가 생각하는 직업은 위 표처럼 설명할 수 있다. 오른쪽의 동그라미는 돈이고, 왼편의 동그라미는 능력이다. 대다수가 이 개념에 동의할 것이다. 최고경영자건 말단의 사원이건 '잘할 수 있는' 노동을 팔고, 그 노동에 대한 금전적 대가를 기업이 치른다. 대학교수이건 배관공이건 그 어떤 직업이건 이 방정식은 적용된다. 여기에 도대체 어떤 문제가 있을까? 지난 100여년 동안 자본주의 질서의 근간이었던 이 방정식이 태어난 출발점으로 돌아가보자.

현대 경영학의 근간을 만든 사람 중의 한 명이 프레데릭 테일러Frederick Tayler이다. 그가 설명하는 직업에 대한 일화는 유명하다. 1899년, 테일러는 펜실베이니아의 한 철공소에서 관리자로 일했다. 철공소에서는 스페인전쟁으로 인해 밀려드는 수요 때문에 8만 톤 분량의 선철銑鐵이 하루가 급하게 배송되어야 했다. 40kg이 넘는 선철 하나하나가 기차에 실려지는 과정은 모두 노동자의 몫이었다. 분석적인 테일러는 관찰을 통해 하루에 노동자 1명이 평균 12.5톤을 적재한다는 것을 계산했다. 생산성을 높이기 위해 테일러는 슈미트라는 노동자에게 60%의 임금인상을 제안했고, 일당이 1.15달러에서 1.85달러로 증가한 슈미트는 하루에 50톤 가까이 적재했다. 평균노동자보다 4배의 일을 한 것이다. 테일러는 이 생산성 향상을 '과학경영'으로 이론화했다. 즉 노동자와 기업의 윈윈이라는 것이다. 경영 개념도 없고 생산계획 개념도 없던 시절에 이 수학적 발견은 '획기적'이었다.

즉 슈미트라는 더 나은 능력(이 경우는 '힘')이 있는 노동자를 찾아내 돈을 더 주면, 더 빨리 더 많은 것을 생산할 수 있다는 의미다. 지금도 그러하다. 더 똑똑하고 지식이 많은 사람을 고용해서 고연봉을 주면, 더 나은 물건을 더 빨리 만들 수 있다는 게 현대경영의 기본 가설이자 직장인의 인생방정식이다. 학교 선생님도 그렇게 말하지 않는가? 더 좋은 학교, 더 좋은 입사시험 점수로 더 높은 연봉을 받아야 하는 게 우리의 소명이라고. 테일러는 『과학적 관리법』에서 정리했다.

과거에는 사람이 먼저였다. 미래에는 시스템이 먼저여야 한다.

이 명제가 바로 트루먼 쇼의 시작이었다. 사람은 경제시스템에 봉사하는 '것'일 뿐이다. 수학적 통제와 효율이 지상과제인 시스템에서 직업에는 아무런 의미가 없다. 있으면 안 된다. 그래서 직장방정식 1.0은 대량생산, 대량소비 시대의 패러다임이자 산업경제의 종교적 믿음이었다. 그 이유는 간단하다. 캘리포니아 데이비스주립대학UC Davis의 경제학 교수 그레고리 클라크Gregory Clark는 『맬서스 산업혁명 그리고 이해할 수 없는 신세계: 왜 부국의 원조가 빈국의 가난을 해결하지 못하는가』에서 "산업혁명은 인류에게 순식간에 12배의 임금인상을 가져다주었다."고 설파했다. 이렇게 수입이 폭발적으로 늘어나는데 그걸 마다할 사람은 없었다. 다만 나라별로 그 현상이 나타나는 시기는 수십 년의 차이가 있다.

한국도 마찬가지다. '기성세대의 공장경제에 대한 달콤한 추억'

이라고 표현한 것이 바로 이 상황이다. 갑자기 늘어난 임금 앞에서 사람이 들어설 자리가 없어도 아무렇지 않았다. 트루먼에게 세상은 모두 가짜라고, 심지어 바다조차도 촬영장 속의 커다란 수영장일 뿐이라고 말해도 믿지 않았듯이.

대량생산, 대량소비의 경제시스템이 결국에는 인간으로부터 노동의 의미를 박탈했다. 직업의 의미도 빠른 속도로 그렇게 왜곡되었다. 이를테면, 장난감 공장 직원은 자신이 만든 장난감을 가지고 즐겁게 노는 아이의 미소에서 일의 의미를 찾지 않고, 장난감을 조립하는 행위로 월급을 받아먹고 산다는 그 자체가 직업이 되었다. 손님이 빵을 먹는 즐거움에 직업의 의미가 있지 않고 빵을 굽는다는 행위 자체가 직업의 의미가 됐다. 하지만 산업사회 이전의 노동은 거의 모든 것이 개별적이었다. 어떤 노동을 하든 결과물을 눈으로 확인할 수 있었다. 농부는 직접 작물을 수확했고, 장인은 힘들여 만든 물건을 사용하는 고객을 직접 만났다. 인간은 자신의 노동이 다른 사람들과 어떻게 관련되는지 잘 이해하고 있었다.

새로운 경제와 인간성의 회복

문제는 대량생산, 대량소비의 패러다임이 사그라져 가는 데 있다. 이제는 기업이 무조건적으로 더 많은 생산을 할 이유가 없다. 왜? 경제가 100년 전처럼 폭발적으로 성장하지 않기 때문이다. 더 많은 것을 더 빨리 만들어도 그 물건을 소비할 돈이 없다. 선진국의 경제성장은 잘 돼봐야 2~3% 수준이다. 아시아, 중남미, 동유럽이 개방된 지 이미 수십 년이 지났으니 새로운 시장개척도 더 이상 없다. 저성장 경제다. 우리 임금이 10~20%씩 갑자기 올라갈 이유가 없다. 게다가 사람만이 할 수 있었던 노동을 기계가 대체하니 '남보다 더 잘할 수 있는' 것도 급속도로 사라져간다. 힘이 세고 지식이 많아도 돈을 더 받을 방도가 없다.

역설적이지만 경제가 어려운데도 사람들은 더 인간적으로 변하기 시작했다. 대량생산, 대량소비의 경제구조가 극대화되자 소비자는 신물이 나기 시작한 것이다. 대형 공장에서 조립품처럼 사육되는 닭, 유전자변형 콩으로 만들어진 시럽, 하루에 수천 명이 드나드는 거대한 쇼핑몰, 전 세계 어디서나 똑같은 패스트푸드점의 메뉴가 더 이상 매력적이지 않다. 반대급부로 소비자는 개별성과 진정성을 찾기 시작했다. 맛의 개별성과 진정성을 동네의 작은 식당에서 찾는다. 전국 10대 짬뽕, 10대 설렁탕집 기행이 패밀리 레스토랑 TGI Friday에 가는 것보다 더 좋다. 서울 연남동, 경리단길, 부산 이바구길 등 동네 뒷골목 순례에서 여행의 진정성과 개별성을 찾을 수 있지만 대형 여행사의 단체관광에서는 그러기 어렵다.

놈코어Norm Core(Normal Hardcore의 줄임말) 족은 브랜드 혐오 소비자 집단이다. 그들은 평범함의 극단을 추구한다. 스티브 잡스가 터

틀넥과 청바지 패션을 수십 년 동안 바꾸지 않은 것처럼, 특정 상표의 패션이 자신을 대변하는 문화를 거부한다. 트렌드를 따르지 않는 게 트렌드다. 정신적 풍요로움이 더 중요하기 때문이다.

테일러 이론에서 가장 중요했던 제품가격과 성능이 소비의 절대 기준이었던 대량생산, 대량소비의 시대는 저물었다. 이 변화의 불꽃에 인터넷은 기름을 끼얹었다. 소비자가 특정 제품의 문제점 —제품의 결함이든, 제조방식의 비도덕적 행위든, 기업의 정치적 색깔이든— 을 찾아내는 것은 클릭 몇 번으로 끝난다. 그렇게 한번 형성된 나쁜 이미지는 SNS를 통해 불과 며칠 만에 전 세계 네티즌과 공유된다. 반대로 제품과 서비스의 진정성, 개별성 역시 순식간에 수만, 수십만 명과 공유된다. 카카오톡이 정보기관에게 개인정보를 제공했다는 뉴스가 나오자마자 하루에 수십만 명이 텔레그램Telegram 메신저를 다운로드 받았다. 소비자가 스스로 인간성을 회복하고자 보여주는 능동적 움직임은 이제 겨우 시작일 뿐이다.

직업 역시 마찬가지다. 직장방정식 1.0에서 직업의 무의미성에 반기를 들기 시작했다. 돈이 직업의 모든 것이라는 논리를 거부하기 시작했다. 우리 사회에서 지난 수년 동안 대유행이었던 힐링과 '저녁이 있는 삶'이라는 화두가 바로 인간성을 회복하고자 하는 목소리다. 기성세대가 공장경제의 달콤함을 아무리 외쳐도 돈이 전부가 아니라는 목소리가 나오기 시작한 것은 인류사적으로 보면 당연한 이치다.

연봉이 조금 적더라도 하고 싶은 일, 사랑하는 일을 하고 싶다는 사람이 늘고 있다. 2014년 미국의 투자은행 골드만삭스는 젊은 직원들에게 주말 근무를 금지시켰다. 전체 업무시간도 줄여나가겠다고 공표했다. 돈과 능력만이 직업의 모든 것인 자본주의에서 가장 돈을 많이 번다는 투자은행에서 일어난 일이다.

투자은행은 전통적으로 살인적 업무량으로 유명하다. 하지만 금전적 보수는 일반기업에 비해 수십 배가 넘는 경우도 있다. 내가 미국에서 경영대학원을 다닐 때, 농담 반 진담 반으로 "최고의 MBA를 나오고 투자은행에서 10년만 고생하면 중남미에 섬 하나를 사서 여생을 즐기며 산다."는 말도 있었다. 하지만 골드만삭스가 이러한 변화를 꾀하는 이유는 젊은 세대의 인재를 실리콘밸리에 빼앗기고 있기 때문이다. 스타트업 기업이 엄청난 투자를 유치해 돈방석에 앉는 경우가 종종 있어서이기도 하지만 IT산업을 중심으로 창조경제가 자리잡은 실리콘밸리에서 젊은 세대는 일의 의미를 찾는 것을 우선시하기 때문에 그곳으로 몰려간다. 이제 직장방정식 1.0을 폐기할 시간이 다가왔다. 리얼리티쇼의 실체를 알아차릴 때가 된 것이다.

당신은 뭘 하고 싶나요?

기욤을 만난 것은 나와 친했던 어느 상사가 갑작스레 퇴사를 한 어느 겨울이었다. 이직을 하면서 상사는 기욤을 만나보라고 권유했다. 당장 회사를 옮기지 않더라도 서로 알아두면 좋을 것 같다는 취지였다. 기욤은 권위 있는 글로벌 헤드헌팅 회사의 중국 소비재 업종 분야의 파트너였다. 주로 중역의 이직을 담당하는 직원이라는 말을 듣고 내 시장가치에 대해, 그리고 일반적인 궁금증에 대한 피드백이 듣고 싶어 기욤을 만났다. 그는 나에게 이렇게 물었다.

“당신은 무엇을 하고 싶습니까?”

“마케팅 경력을 국제적으로 더 쌓고, 영업 일반이나 전략업무도 경험한 후 더 큰 조직에서 경영총괄을 목표로 하고 있어요.”

“음……. 그래서 뭘 하고 싶다는 거죠?”

나는 당황스러웠다. 더 구체적인 계획과 목표를 말했다.

“시기적으로는 2년 후쯤 승진하는 것을 목표로 삼고 있습니다. 사업적으로는 지금 맡고 있는 비즈니스보다 50% 정도는 더 큰 규모의 일을 맡고 싶어요.”

“내가 원하는 답을 계속 듣지 못하고 있습니다. 다시 한번 묻겠습니다. 당신은 앞으로 무엇을 하고 싶습니까?”

말장난 같은 그의 질문에 나는 살짝 불쾌해졌다. 볼멘 목소리로 되물었다.

“솔직히 질문이 잘 이해가 가지 않네요.”

“나는 당신 경력의 ‘비전’을 묻는 겁니다. 당신은 내게 경력의 ‘목표’만 이야기했고요.”

그러면서 설명을 덧붙여 나갔다.

“당신이 지금 답한 내용, 즉 언제 무엇이 되고 어떤 업무를 할지, 지금 자리의 연장선에서 예측하고, 조직 규모와 역할의 경중을 따지는 것도 중요합니다. 그런 구체적 목표 없이 경력을 관리한다는 것은 말이 안 되죠. 하지만 그 목표만 가지고는 나는 당신이 어떤 사람인지 판단할 수 없어요. 이직을 하든 하지 않든 기업에서 미래의 리더를 뽑는 상황에서 후보자가 어떤 꿈을 가지고 있는가는 가장 중요한 질문이죠."

"아, 그렇군요……."

나는 어느새 고개를 끄덕이고 있었다.

"최고의 창의력을 가진 혁신의 아이콘이 되는 조직을 만들고 싶다거나, 업종의 벽을 무너뜨려 신개념의 비즈니스를 창조하는 리더가 되고 싶다거나, 개개인과 조직이 상생하며 행복한 기업을 만들고 싶다거나 하는 꿈……. 난 그런 대답을 원했어요."

기욤의 설명을 듣고 나자 할 말이 없었다. 내 머릿속에는 그런 답이 없었다. 비전이 없었다. 사실 살아오면서 단 한번도 생각해보지 않았다. 목표와 비전을 혼동하며 착각 속에 살아온 것이다. 바쁜 업무와 일상에서 나름대로 경력에 대한 계획과 반추를 했다고 믿었지만 그것은 현재를 미래로 단순하게 연장시켜보는 연습에 불과했다. 긴 호흡의 바둑이 아니라 간단한 오목을 두듯이 내게 다가온 현실에 즉흥 반응으로 한 수를 두고, 기껏해야 내다보는 미래의 수는 두세 단계가 전부였다. 내가 왜 이 게임을 하고 있는지, 어떤 게임을, 어떤 스타일로 하고 싶은지에 대한 고민은 전혀 없었다. 이쯤 되니 당황스럽다기보다는 창피함이 앞섰다. 하지만 그게 현실이었다.

"기욤, 당신 말이 맞아요. 나는 아직 비전이 없네요."

부끄러웠지만 솔직히 답했다. 기욤은 미소를 지었다.

"너무 걱정할 필요는 없어요. 많은 사람들이 그런 비전을 갖고 있지 않아요. 비전이 있다 해도 가능성 없고 진정성 없는 경우도 많죠. 비전은 문장 하나를 그럴싸하게 만드는 게 아니에요. 자신의 꿈인 진정한 비전을 세우고 실천하는 데는 시간이 오래 걸리죠. 관건은 당신이 앞으로 그 꿈을 만들어나갈 것인가 아닌가를 스스로 선택하는 것입니다."

비전을 찾지 못하면 여전히 직장방정식 1.0 안에서 벗어나지 못한다. 열심히 하는 노동으로부터 자신이 소외된다. 매우 어려운 숙제다. 일상이 바쁘고 야근에 허덕이니 생각의 여유가 없기도 하지만 직장방정식 1.0을 벗어나지 못하는 더 큰 이유는 유교적 사념에 갇혀 있기 때문이다. 한탕주의의 직업관이 팽배한 사회 분위기 때문에 직업에 사회적 서열이 있다는 잘못된 믿음이 너무나 강하다. 유치원 시절부터 성적을 매기고, 대학을 졸업하면 취업, 취업을 하면 승진, 승진을 하면 연봉으로, 한국사회는 빈틈없이 재단하고 줄을 세운다. 그러니 그 비교의 늪에서 뒤처지지 않기 위해 몸부림치며 살기에 바쁜 나머지 직업의 의미에 대해 고민하지 않는다. 성향, 취향, 꿈이 중요하다는 말을 부모님이나 선생님으로부터 들은 적이 있는가? 비전이 중요하다는 말을 상사나 회사로부터 들은 적이 한번이라도 있는가?

그 누구의 잘못도 아니다. 굳이 잘못이 있다면 3,000년 전 유교를 만든 사람들, 공장경제와 유교를 결합시켜 계층문화를 만든 한국의 기성세대가 문제다. 하지만 그들을 탓해봤자 돌아오는 보상은 없다. 꿈, 열정에 대해 생각해야 할 사람은 오로지 당신밖에 없다.

직업의 의미를 깨달으면 열정이 탄생한다

조나단이 '사랑'의 비전을 이야기해주었던 그날, 스타벅스가 걸어온 길에 대해서도 들려주었다. 그의 이야기에서 직장방정식 2.0의 단초를 엿볼 수 있었다. 조나단에 의하면 탄탄한 경영으로 인정받는 스타벅스가 지난 40년 동안 늘 잘해왔던 것은 아니다. 많은 사람에게 알려진 것처럼 스타벅스는 창립 초기 고품질 커피와 제3의 공간(집과 회사 외의 공간)이라는 새로운 문화적 방식으로 대성공을 이루었다. 하지만 1990년대 폭발적 성장을 하면서 창립 초기에 가졌던 독특함, 문화적 분위기, 바리스타와 고객 간의 친밀성을 잃기 시작했다. 대량생산, 대량소비의 경영기법을 도입한 것이 실수였다.

점포당 고객수를 늘리기 위해 에스프레소 기계가 반자동화 되면서 바리스타의 역할이 축소되었다. 그러면서 충성고객이 중시했던 바리스타와의 인간적 교감이 사라졌다. 유통기한을 늘리려고 커피빈이 진공상태로 점내에 비치되었다. 그러자 단순히 커피를 마시기만 하는 게 아니라 커피향이 그윽한 공간 자체를 느끼길 원하는 손님은 점차

발길을 끊었다. 1993년 시작된 맥도널드의 맥카페McCafe 전략에 휘말려 스타벅스는 지나치게 점포 수를 늘렸고, 바리스타들은 지쳐갔으며 사람 냄새가 사라져갔다. 위기에 처한 스타벅스를 구하고자 은퇴했던 하워드 슐츠Howard Schultz가 2008년 CEO로 복귀하면서 만든 첫 변화는 기업의 미션을 천명하는 것이었다.

인간의 정신에 영감을 주고 더욱 풍요롭게
한 명의 고객, 한 잔의 음료, 하나의 이웃에 정성을 다 한다.

스타벅스의 창업 정신으로 돌아가겠다는 강력한 의지였다. 슐츠는 미국에서 필요 이상으로 확대된 점포 600개를 닫았으며, 지방 특색이 잘 표현되도록 인테리어를 바꾸고 지역 아티스트들의 작품을 전시했다. 모든 경영의 중심에 고객의 경험을 두었다. 와이파이를 선도적으로 제공하면서 고객관계관리Customer Relationship Management를 운영의 키워드로 삼았다. 스타벅스 카드의 혜택에 온갖 정성을 쏟았다. 단순한 포인트제도가 아니었다. 카드를 가진 손님은 정말로 눈에 보이는 혜택을 받았다. 텀블러와 다이어리 등의 부가상품에도 심혈을 기울였다. 싸구려 텀블러는 피했고 디자인에 과감한 투자를 했다. 국가별, 도시별로 특징적인 디자인이 사람 냄새를 더 풍성하게 했다.

무리한 점포 확장으로 등한시됐던 바리스타 교육도 다시 재개됐다. 슐츠가 복귀하자마자 미국의 모든 점포는 3시간 동안 문을 닫고 바리스타 교육이 진행되었다. 회사 문화도 다시 바리스타 중심으로 돌아왔다. 변화가 일어나자 고객은 다시 스타벅스를 찾기 시작했다. 창업 초기 슐츠가 추구했던 제3의 공간을 고객은 다시 즐기기 시작했다. 조나단의 설명은 이랬다.

"바리스타의 행복이 스타벅스의 가장 큰 경쟁우위입니다. 바리스타 교육은 단지 맛있는 커피를 만드는 게 전부가 아니라 고객을 '사랑'하는 방법에 대한 열린 교육이죠."

스타벅스에서 바리스타는 손님에게 제공하는 서비스의 일부에 재량권을 가진다. 휘핑크림이나 캐러멜을 더 줄 수 있는 작은 권한뿐 아니라 수만 가지 다른 상황에서도 손님을 행복하게 할 수 있는 작은 행동들에 권한을 가진다. 몇 분 내에 라떼를 만들어야 하는 매뉴얼이나, 객당 목표매출액 등의 과학경영, 대량생산식 통제가 아닌, 사람 대 사람으로의 의사소통이 스타벅스 바리스타가 해야 할 일이다. 회사는 그런 문화를 지원, 육성한다. 그렇게 기업 미션이 문화로 정착된다. 직업의 진정한 의미를 깨달은 직원은 자신의 일에 더 열정을 갖는다.

조나단은 스타벅스에 처음 입사했을 때의 일화를 소개했다. 입사하자마자 말레이시아에 있는 친형이 갑자기 입원을 하게 되어 직속상관 외에는 아무에게도 알리지 않고 며칠 동안 병원에서 간호를 했다. 그러던 어느 날 병원 근처의 스타벅스 바리스타 몇 명이 꽃다발을 들고 문병을 왔다. 그들은 누구의 지시를 따른 게 아니었다. 조나단의 소식이 입에서 입으로 전해지면서 자발적으로 찾아왔던 것이다.

"정말 사랑받는 기분이 들었지요."

스타벅스의 고객 사랑의 사례는 나라마다 다르기 때문에 공감도 다르다. 그러나 인간에 대한 사랑을 온몸으로 껴안았기에 2000년대 중반의 위기를 넘길 수 있었다. 바리스타들이 열정을 되찾은 덕분이다. 통제와 지시보다 회사의 비전을 되찾는데 집중했으며 그 결과 인간적인 직업, 사랑하며 일하는 직원들이 회사의 경쟁력이 되었고 지금까지도 성공적이다. 스타벅스 외에도 자포스Zappos, 홀푸드Whole Foods Market, 버진에어라인Virgin Airlines 등의 기업이 기업 미션과 직업의 의미를 인간성 회복에 초점을 두어 경영한다. 그 기업의 직원들은 직업에 어떤 의미가 있는지 잘 알고 있고, 그래서 열정적으로 일한다. 이미 직장방정식 2.0의 시대를 살고 있는 것이다.

직장방정식 2.0

직장방정식 2.0은 블루오션 전략이다. 세상이 만들어놓은 잣대에 자신을 끼워맞추는 1.0 방정식에서 벗어나 직업의 참의미를 찾아가는 이 과정은 새로운 가능성을 열어준다. 기업 역시 직장방정식 2.0을 도입하면 열정적인 직원의 비율을 높일 수 있고 그것이 경쟁력을 확보하게 해준다.

직장방정식 2.0에서 내가 사랑하는 것, 세상이 필요로 하는 것, 노동의 대가를 받을 수 있는 것 3가지가 모두 겹쳐지는 교집합을 비전이라 한다. 즉 직장방정식 1.0의 단순히 '내가 잘하는 것'을 뛰어넘어

3가지를 모두 충족시키는 것이 직업의 꿈이다.

- (내가 사랑하는 것 ∩ 노동의 대가를 받을 수 있는 것) = {열정}
- (내가 사랑하는 것 ∩ 세상이 필요로 하는 것) = {미션}
- (노동의 대가를 받을 수 있는 것 ∩ 세상이 필요로 하는 것) = {소명}

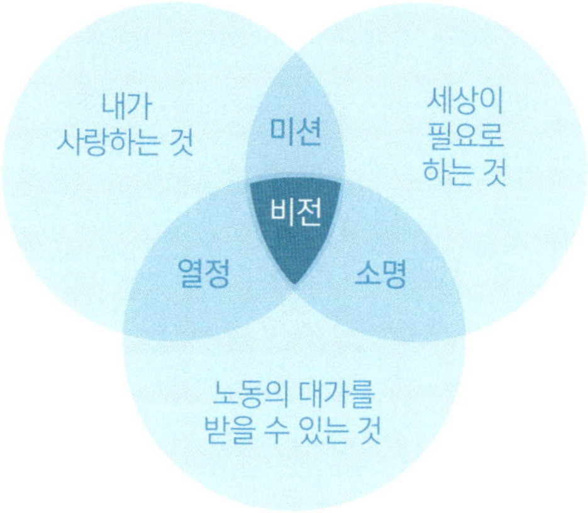

기욤이 내게 던진 질문은 결국 직장방정식 2.0이었다. 스타벅스가 성공한 이유는 2.0의 문제를 잘 풀어냈기 때문이었다. 2.0은 개인과 기업 모두에게 던지는 숙제다. 인간성 회복의 시절, 단순하고 반복적인 노동을 기계에게 넘겨주고 인간만이 창조할 수 있는 부가가치 높은 직업을 찾아야 하는 혁신경제 시대에 2.0을 풀지 못하면 경력은 보장되지 않는다. 지금 몸담고 있는 직업의 의미를 찾아라. 내면의 목소리에 귀를 기울여라.

실용적인 꿈을 꾸자

직장방정식 2.0은 종종 듣는 막연한 꿈의 의미와는 다르다. '젊은이여 꿈을 가져라', '세계는 넓고 할 일은 많다'라고 밑도끝도 없는 훈계를 한다면 현실을 너무나 모르는 것이다. 저성장 경제, 국제화 시대, 기계와 경쟁하는 혁신경제 시대에 방향성 없는 꿈만 꾸다가는 현실과의 괴리감으로 인해 삶이 피폐해지기 쉽다.

하지만 직장방정식 2.0은 꿈을 실용적으로 꿀 수 있게 도와준다. 2.0 해법은 경쟁력 증대 프로그램이기 때문이다. 진정성이 경쟁력이 되는 새로운 자본주의로의 전환기에 살고 있기에 내면의 진정한 목소리인 직업의 비전을 찾아낸다면 열정을 갖게 되고, 미션과 소명을 갖게 된다. 단순히 돈의 보상만을 추구하는 직장인이 가질 수 없는 에너지가 생긴다. 언제 명퇴 당할지도 모르면서 연봉의 크기로 우쭐대거나, 업무와는 하등 상관없는 출신대학 순위에 매달려 살거나, 어른이 되어서도 수능점수가 사회적 지위라고 착각하는, 유교적 속박으로부터 자유로워진다. 남이 만들어놓은 잣대가 하찮게 보인다. 한마디로 세상을 있는 그대로 볼 수 있게 된다.

직장방정식 2.0의 유익한 점은 아래와 같이 정리할 수 있다.

- 현재 직업과 궁합을 객관적으로 판단할 수 있다. 연봉과 개인적 가치 사이의 판단이 쉬워지고 고민의 시간이 줄어든다.
- 열정과 미션에 맞는 직업을 구했다면 생산성이 높아진다. 에너지

를 잃지 않으며, 장기적 경력 수립이 가능해진다.

- 이직할 때 기준이 명확해지고, 시간과 에너지가 절약된다.
- 업무적으로, 업무 외적으로 무엇을 더 배워야 하는지 명료해진다.
- 어떤 업무에 몰입해야 하는지 선택이 쉬워진다. 업무 방식에서 나만의 스타일이 강해지고, 생산성이 올라간다.
- 업무나 개인사에서 도덕적 판단이 필요할 때 고민이 사라지며, 시간이 절약된다.

결국 삶이 간결해진다. 무엇에 집중해야 하는지 잘 알기 때문이다. 집중하면 경쟁력이 높아지고, 성공 가능성이 높아진다. 무엇에 집중해야 하는지 깨달으면 세상에서 가장 중요한 자신과 가족의 정서적 삶이 풍요로워진다.

이 문제풀이가 결코 쉽지는 않다. 과연 직장방정식 2.0을 풀어낸 사람이 세상에 얼마나 많겠는가? 성직자나 교육자를 제외하고는 좀처럼 주변에서 만나기 힘들다. 여전히 사회가 1.0 방정식으로 돌아가고 있기 때문에 —기욤이 말한 대로— 비전이 중요하다는 깨달음을 가진 이들이 흔치 않다. 당장 취업하는 게 우선이고, 충분한 연봉을 받는 일자리가 귀하다. 지금 좋은 일자리를 가졌다 해도 언제 구조조정의 칼날이 들이칠지 모른다. 대다수 기업은 여전히 공장경제 마인드에서 벗어나지 못하고 있으며 미디어와 학교는 미래에 대해 딱히 또렷한 계획이 없다. 그래서 어렵다. 하지만 포기하면 당신의 삶은 여전히 1.0의 족쇄에 갇힌 채 제자리에 머무른다.

마크 트웨인은 "당신 인생에서 가장 중요한 날이 두 가지 있다. 태어난 날, 그리고 태어난 이유를 깨닫는 날이다."라고 말했다. 가끔 남의 인생을 살아가고 있다는 생각을 해본 적이 있지 않은가? 직장방정식 2.0은 온전히 자기 인생의 주인이 되는, 자아가 간절하게 부르짖는 내면의 목소리를 찾아가는, 길고 험하지만 반드시 해야 할 여행이다. 과거와 오늘이 미래를 결정하게 하지 마라. 당신의 의지와 비전이 미래의 주인이 되게 하라. 그것은 인간으로서 참 권리를 되찾는 여행이다.

당신이 배를 만들고 싶다면
사람들에게 목재를 가져오게 하고
일을 지시하고 일감을
나눠주는 일을 하지 말라

대신 그들에게 저 넓고 끝없는
바다에 대한 동경심을 키워줘라
_ 생텍쥐페리

실전 특강

스스로에 대해 공부하는 방법

• 강점에 집착하라

업무를 하고 경력을 쌓는 데는 약점을 극복하는 것이 필수이지만 직장방정식 2.0을 풀 때는 강점에 집착해야 한다. 자신의 강점을 인지하라. 거기에서부터 '사랑하는 것'의 단서를 찾을 수 있다. 한 관리자가 마케팅 부서에서 일하면서 실적이 좋지 않았다. 아이디어의 수는 많았지만 좋은 아이디어는 적은 게 문제였다. 그의 강점은 경쟁적이고 긍정적인 성품이었다. 그러다보니 아이디어를 자주, 많이 내기는 했으나 미래지향적이거나 창의적이지 않았기에 품질에 문제가 있었다. 영업부서로 이동한 후에야 비전을 찾았다. 영업직에서 긍정적 마인드와 경쟁심은 핵심역량이기 때문이다. 영업관리자로서 강점을 적극적으로 사용하면서 자신도 팀원도 실적이 올라갔다.

• 걸어온 인생을 해석하라

주변에서 당신을 평가해온 것들을 잊어라. 하나씩 꺼풀을 벗겨내듯 사회 통념으로 평가해온 것들을 버려라. 잊고 지냈던 유년기와 청소년기의 기억을 떠올려보라. 친구 사이에서 리더십이 있었는가? 책상에 앉아 무언가를 만드는 게 좋았는가? 혼자 하는 운동보다 팀 스포츠를 선호했는가? 미래에 대해 상상하기를 좋아했는가? 친구 사이의 갈등을 해결하려는 성향이 있었는가? 어려운 수학문제에 도전심이 강했는가? 이야기 만들어내는 것을 좋아했는가? 다채로운 색감으로 디자인하는 것을 좋아했는가? 놀랍게도 한 사람의 강점은 유년기부터 시작해 청소년기에 형성이 거의 끝난다. 그러나 우리는 인생의 비전을 찾아줄 내면의 진정한 목소리에 귀기울일 시기에 시험점수에 짓눌려 자라다보니 그 목소리를 너무 빨리 잊는다. 어렸을 적 삶을 기억해내라. 그러면 '사랑하는 것'이 무엇인지 보인다.

• 몰입하라

몰입Flow이라는 심리학 개념이 있다. 어떤 일을 할 때 그 과제와 자신의 능력이 완벽히 일치해 강한 몰입도를 성취한 상태를 뜻한다. 이 상태에서는 자아에 대한 인식이 사라진다. 즉 내가 일을 잘하는지 못하는지, 공정한 대접을 받는지 아닌지, 과제가 과도한지 과소한지 등에 대한 질문 없이 허공에 떠있는 듯한, 물처럼 흐르는 듯한 상태가 된다. 누구나 이 심리적 상황을 경험할 수 있다. 몰입은 업무뿐만 아니라 여가, 취미 등 인간의 모든 활동에서 경험할 수 있다. 회사업무를 할 때나, 무엇인가를 만들 때, 누군가를 좋아할 때 시간가는 줄 모르고 몇 시간을 집중한다. 이때 나에 대한 생각은 사라진다. 그 순간이 언제인지 관찰하라. 몰입의 순간에 하고 있는 일이 강점을 발휘할 수 있는 일이다.

• 깊이 있는 즐거움을 느껴라

사랑하는 일을 하다 보면 즐겁다. 하지만 즐거움을 조심하라. 즐거움에도 종류가 있다. 말초적 즐거움, 모임에서 오가는 충만한 대화가 주는 즐거움, 웃음과 울음의 폭넓은 감정... 이 모든 '감정적' 즐거움은 비전과 관련해서는 덜 중요하다. 이러한 즐거움은 오래가지 못하고 깊이가 얕다. 그렇다고 인생 전반에 중요치 않은 것은 아니다. 반면 직업에서 사회적 의미를 찾을 때 얻는 즐거움은 비전과 직결된다. 예를 들어 요리사라면, 많은 가짓수의 요리를 빨리 만들 수 있을 때 즐거운가? 아니면 손님이 요리를 먹으며 행복해하는 모습을 보면 즐거운가? 컨설턴트라면, 고객사 임직원이 분석표나 제안서를 받고 자문료를 선뜻 지불하겠다고 나오면 즐거운가? 아니면 컨설팅의 결과로 좋은 제품이 탄생했다면 즐거운가? 후자의 즐거움을 찾는 과정이 미션과 소명을 찾는 과정이다. 사회 구성원으로서 어떤 가치를 만드는지에 대한 몰입이다. 그 즐거움은 깊이가 있으며, 생명이 길다.

우리는 똘아이가 아니라 해결사가 필요하다

제6강
창의성

창의성은 '문제해결 능력'이다
직장 업무는 매순간 문제해결의 연속이다
직종과 업무에 상관없이
늘 새로운 과제에 맞닥뜨린다
그 과제에 새로운 아이디어를 내고
창의적으로 해결하는 것이 창의성이다
그것이 직장인에게 필요한
실용적 창의성이다

"여러분, 살짝 미쳐야 돼요. 남들과 같은 생각을 해서는 좋은 아이디어가 나올 수 없습니다. 자유분방한 스타일이고, 쓸데없는 호기심이 많고, 주변에서 괴짜 소리를 자주 들었다면 광고회사 직원으로서 성공 가능성이 있습니다."

거침없이 말하는 그가 프레젠테이션 화면에 띄운 글자는 두 자였다.

'똘끼'

마케팅 분야가 주된 경력인 나에게 창의성이라는 주제는 각별하다. 신입사원 시절부터 지금까지 아이디어에 대한 부담 속에서 살아오다보니 창의성 고민은 늘 가까이 있고, 지인들과도 자주 토론하는 주제일 수밖에 없다. 수년 전 한국에 잠시 들렀을 때, 속칭 잘나가는 광고대행사 여러 곳에서 크리에이티브 디렉터로 근무해온 친구 김현오 국장을 만났다. 그날은 그가 대학생을 상대로 강연을 하는 날이었는데, 나는 강연을 끝내고 만나기로 한 터라 강연을 통째로 듣게 되었다.

광고공모전 행사의 일환으로, 광고회사 취업에 관심 있는 대학생에게 광고 업무를 소개하고 회사생활과 경력에 대해 조언하는 자리였다. 김 국장은 광고 수상 경력이 화려해서 강연 섭외가 많은 편이다. 그는 격식을 싫어했다. 옷차림도 늘 수수했고 그날도 청바지에 티셔츠 차림이었다. 강연 내내 커다란 푸른 양복 윗도리를 걸쳐 입고 있었다. 그를 잘 아는 나로서는 웃음이 나왔다. 공식적 자리이니 아마도 다른 사람의 윗옷을 빌려입고 나온 듯했다. 강연을 관통하는 주제는 광고회사 업무에서 핵심역량으로 손꼽는 창의성이었다. 그는 그것을 '똘끼'라 표현했다.

생존하려면 똘아이가 되라?

난 일면 의아해졌다. 20년 넘게 알고 지내는 막역한 사이인 김 국장이 자신의 성향과는 정반대 가치를 강조했기 때문이었다. 그는 유머가 많고 재치가 넘치지만 진중한 사람이었다. 그에 대한 평판도 일관적이었다. 책임감이 강하고, 옳고 그름에 대한 기준이 높은 사람이라는 평판이 주였지, 톡톡 튀는 괴짜와는 거리가 멀었다.

강연이 끝난 후, 나는 김 국장에게 물었다.

"넌 사실 똘끼하고는 거리가 먼 사람 아니니? 그런데도 똘끼가 창의성의 핵심이라고 정말로 믿는 거야?"

"내 성향에 똘끼가 없는 건 사실이야……. 하지만 난 창의성은 사회적 평균의 반대 의미라고 생각해. 좋은 아이디어는 대개 통념을 싫어하는 비주류 사람에게서 나오는 게 사실이고. 난 그런 스타일은 아니지만 20년 동안 광고를 만들면서 깨달은 진실이야."

김 국장은 비장한 어조로 덧붙였다.

"너도 마케팅을 해서 잘 알잖아. 앞으로는 이거 없인 죽는다. 우리 세대에서는 논리적이고 합당한 게 덕목이었지만 앞으로는 젊은 친구도, 기업도 튀어야 산다. 예전엔 평균만 하면 먹고는 살았지만, 이젠 평균만 하면 금방 뒤처지지. 똘아이가 돼야 생존하는 시대야."

"……."

나는 진지한 그의 표정을 바라보며 침묵을 지켰다.

과연 그럴까? 무엇이 진중한 성향의 김 국장으로 하여금 그토록 '똘끼'를 신봉하게 만들었을까.

한 발짝 물러나 생각해보면, 김 국장이 하는 말이 현실이 되어가고 있다. 최근 삼성이 위기라고 한다. 특히 소프트웨어 개발에 절대적으로 필요한 창의성이 부족해서 경쟁력을 잃고 있다 한다. 예전처럼 생산단가, 연구개발의 속도와 같은 물리적 경쟁우위가 사라진 이유는 2강에서 살펴보았다. 삼성과 경쟁하는 국제적 IT기업은 앞다퉈 세계의 인재를 빨아들이고 있는데 삼성은 인력경쟁 게임에서 상당히 뒤진 느낌이다. 게다가 앞으로 다가올 '생각하는 기계'의 발전이 몰고 올 변화에서 인간 고유의 창의성이 정말 중요한 이슈로 떠올랐는데, 그에 대한 준비를 얼마나 하고 있는지도 의문이다. 이 문제는 삼성 같은 대기업만의 생존 문제가 아니다. 모두의 문제다. 국제화된 경제시스템,

생각하는 힘을 요구하는 직업의 미래 앞에서 살아남기 위해 반드시 답해야 하는 질문이다.

창의성이라는 단어가 한국에서 요즘처럼 각광받은 적은 없었다. 개별 기업뿐만 아니라 창조경제라는 경제적 화두부터 시작해 주입식 교육에서 벗어나자는 교육 분야에서의 목소리까지 창의성은 그야말로 대세다. 좋은 현상이자 자연스러운 결과다. 규격화, 표준화에서 벗어나려는 탈현대화의 신호이기 때문이다. 그러나 막연한 바람과는 달리 큰 문제는, 창의성 개념에 대한 사회적 동의도, 기초적 이해도 부족하다는 점이다. 도대체 창의성은 무엇인가? 이 질문은 아마 한국사회에서 가장 다면적인 질문일지 모른다. 창의성은 한국인에게 워낙 생소한 개념이기 때문이다.

과연 아시아인은 생각할 수 있는가?

인도계 싱가포르인 키쇼어 마부바니Kishore Mahbubani는 명망 있는 싱가포르국립대의 공공정책학과 학장이다. 1998년 『아시아인은 생각할 수 있는가?』라는 글을 썼다. 글의 뒷부분에는 '아시아인은 생각할 능력이 없지 않은가?'라는 가설이 있어 상당한 충격으로 다가왔다. 마부바니는 '왜 아시아적인 생각이 사라졌는가?'라는 질문에서 글을 시작한다. 15세기까지 전 세계의 문화와 과학의 주도권을 갖고 있던 아시아는 16세기 이후 주도권을 서구에 완전히 빼앗겼고, 현재 지구 위의 거의 모든 선진문명의 사회시스템 —철학, 과학, 경제, 교육, 법률 등— 은 서양에서 들어온 문물에 기초하고 있다.

한국, 일본, 대만 등 현대에 들어 서구 자본주의를 채택해 경제적으로 성공한 국가가 아시아인의 우수성을 증명했지만 이 선진 아시아 국가들의 지배 시스템은 서구의 것이다. 아시아적 가치, 아시아적 생각은 눈을 씻고 찾아보려야 찾아볼 수 없다. 그래서 글의 제목이 '아시아인은 생각할 수 있는가?'이다. 그의 질문이 도발적이긴 하지만 일면 사실이다. 몇 년 후, 같은 제목의 책에서 마부바니는 아시아의 부흥을 위해 이렇게 제언했다.

"다음 세기(21세기)를 잃어버리지 않기 위해 아시아인들은 수세기 동안 버려왔던 배움의 과정을 다시 시작해야 한다. 과거에 대해 철저하게 분석해야 한다. 예를 들어, 왜 그렇게 많은 아시아인이 극소수의 유럽인에게 식민통치를 허용했는가를 이해해야 한다. 많은 사람이 유럽이 성공한 원인을 순전히 물질적인 것으로 치부할 것이다. 지난 5세기 동안 서구의 과학과 기술의 지배력, 우수한 성능을 가진 유럽의 무기가 아시아를 정복했다고. 하지만 '소프트웨어'를 무시하고 '하드웨어'만을 바라보는 것은 실수다."

그가 말하는 서구의 소프트웨어는 무엇일까? 어떻게 아시아인이 서양의 소프트웨어를 이용할 수 있을까? 아쉽게도 그의 결론은 거시적인 사회정치적 제언으로 마무리된다. 귀족정치에서 실력주의 사회로의 이동, 평화주의 정착, 부패의 종결이 그의 결론이다. 틀린 답은 아니다. 그러나 마부바니의 결론에는 우리가 찾고 있는 창의성의 구체적 해법은 없다. 그 답을 찾기 위해 역사를 잠시 거슬러 올라갈 필요가 있다.

개인의 탄생

마부바니의 말대로 아시아는 15세기까지 세계 과학과 문화의 중심에 있었다. 11세기에 꽃을 피웠던 송대의 인쇄기술, 종이기술이 유럽으로 수출됐고, 인도에서 시작된 소수의 개념과 아랍의 10진법은 유럽에게 엄청난 선진문물이었다. 5세기에 시작되어 800년간 지속된 유럽의 암흑기는 끝이 보이지 않았고, 아시아 문명에 한참 뒤처져 있었다. 암흑기의 종말은 암흑기 자체보다 더 참혹했다. 14세기 중반에 발생한 흑사병은 유럽 전체 인구의 1/3을 휩쓸어 갔으며 원래의 인구수가 회복되는 데 150년이 걸렸다.

하지만 150년의 시간은 유럽에 전혀 새로운 기회를 주었다. 아시아를 이길 수 있는 발판이 만들어졌다. 150년 동안 중세 암흑기를 지배하던 종교 질서가 무너지고 개인주의적 가치가 수면 위로 떠올랐다. 이유는 간단했다. 흑사병으로 인해 노동력이 갑자기 귀해졌기 때문이다. 임금은 상승했고 노동자는 예전보다 훨씬 유리한 협상조건에 서게 됐다. 장인匠人들은 처음으로 주문한 귀족의 이름이 아닌 자신의 이름을 제품에 새겨넣기 시작했다. 예전에는 교회에서 요구하는 노동에 신의 이름으로 노역만 제공하던 화가는 그림에 서명을 넣기 시작했다. 길드가 형성됐고, 개인의 제품이 판매되기 시작했다. 그 제품의 주 고객은 더 이상 교회가 아니었다. 상인들이었다. 중세시대에는 교회가 아닌 세속적 상인이 예술품을 소장하는 게 죄악시될 정도로 예술은 종교에 의해 독점되었으나 이제 예술품과 장인의 물건을 '개인'이 '소유'하기 시작한 것이다. 르네상스였다.

그렇게 종교의 자리를 처음으로 인간이 대체했다. 흑사병이 유럽인에게 준 가르침은 세상사를 짊어지는 것은 신이 아니라 결국 인류라는, 인본주의의 탄생이었다. 하지만 사회변화는 매우 느렸다. 르네상스가 발발한 시기에도 유럽은 여전히 아시아에 문명적으로 뒤져 있었다. 그럼에도 불구하고 300년 동안 변화는 쉬지 않고 계속되었고, 17세기 말 계몽주의 시대가 활짝 열렸다. 그러면서 아시아를 현저히 앞지르기 시작했다. 예술부터 시작된, 르네상스가 탄생시킨 인본주의는 서서히 과학, 철학, 종교 등 거의 대부분 분야에서 계몽주의를 이끌어냈다. 뉴튼, 갈릴레오, 코페르니쿠스, 로케 등 과학자와 철학자는 외적 세계를 인간, 즉 개인이 변화시킬 수 있다는 명제를 천명했다. 인간의 이성이 세계를 지배할 수 있다는 의식의 깨어남이다. 아마도 인류사적으로 지금까지 가장 중요한 변화였으리라. 이후 자본주의가 탄생되었고 산업혁명이 뒤따랐다. 계몽주의는 서구 소프트웨어의 출발이었다.

왜 개인이 중요한가

창의성 문제로 돌아와보면, 르네상스에서부터 계몽주의에 이르는 400년은 인류에게 최초로 창의성 개념을 탄생시킨 시기였다. 르네상스 이전까지는 창조를 한다는 것은 인간의 영역이 아닌 신의 것이었다. 새로운 무엇인가를 창조한다는 것은 주로 예술 영역에 머물러 있던 개념이었다. 그래서 르네상스 이전 예술가는 스스로의 능력으로 무언가를 창조한다고 믿지 않았다. 신의 부름을 받고 그에 따라 노동을 제공한 것으로 간주되었다. '인간 의식'은 르네상스 이전까지는 깨어있지 않았다.

고대에는 개인이 아름다운 예술품을 만들어냈을 경우 그 개인이 단지 신과의 매개체인 뮤즈Muse를 불러내 신과의 소통을 통해 예술품을 만든다고 믿었다. 인간이 창의적 영감을 떠올리는 과정은 인간의 것이 아니었다. 예술가는 미친 사람으로 간주했다. 무당처럼 신과 소통을 해야 했기 때문이다. 라틴어에서는 영감, 미침, 분노, 열정 등의 단어가 같은 의미였다. 예술가가 창조적 영감이 떠올랐을 때, 다행히도 뮤즈를 불러낸다면 신이 원하는 표현을 '대리'할 수 있지만, 뮤즈를 불러내지 못하면 그저 '미친 짓'으로 여겼다. 그래서 중세의 거대한 종교예술에는 인간으로서의 개인이 없다. 예술 창조가 개인의 것이 된 것은 르네상스부터였다.

이렇게 유럽에서는 개인의 의미가 탄생하고 있을 무렵, 수세기 동안 세계 문명을 지배하던 아시아는 여전히 군주체제의 막강한 영향권 아래 있었다. 특히 쌀농사 기술이 발달하고 유교이념이 심화된 극동아시아 국가는 왕권통치 속에서 집단의 우선성이 맹위를 떨쳤다. 아시아 예술은 왕권 미화를 위한 건축, 제례, 의복의 수단이거나, 통치기록을 남기기 위한 천한 계층의 직업일 뿐이었다. 그 인식은 지금까지 크게 바뀌지 않았다. 자녀가 예체능 대학에 가는 것을 창피하게 여기는 부모가 여전히 있다. 개인이 새로운 무엇인가를 창조한다는 것이 어떤 의미인지 아시아인은 생각해 본 적이 없다. 개인이 탄생한 적이 없다. 700년 전부터 유럽과 아시아는 그렇게 서로 다른 길을 걸어왔다.

결국 창의성이라는 서구 소프트웨어에서의 핵심은 신과 대치되는 개인의 탄생, 천재성 혹은 신과의 교류라고 오해했던 '인간의 재능'은 사실 모든 개인에게 존재한다는 '인본주의'에 있다. 현대 심리학과 경영학에서 수없이 발표된 창의성 연구를 논리적으로 이해하는 것은 전혀 어려운 일이 아니다. 진정 어려운 일은 그 소프트웨어의 출발이 개인을 존중하는 인본주의에 있다는 문화적 깨달음이다.

서구 최고의 심리학 박사에게 사사를 받은 한국인 심리학자가 수백 명 있다고 치자. 그렇다고 그들이 한국기업의 창의성을 몇 년 만에 개화시킬 수 있을까? 없다. 아시아에서는 아직도 현재 진행형인, 개인이 집단에게 무시당하는 분위기에서 서구의 최신 이론이 무조건 적용

될 수 없기 때문이다.

주류적 통념에 반대하는 게 창의적이라고 생각하는 이유가 여기 있다. '똘끼'라는 단어는 두 글자로 조합된다. '똘아이', 즉 평균과 다른 살짝 미친 사람이라는 뜻의 '똘'과 창조적 영감을 세속적으로 표현하는 '끼'의 조합이다. 똘끼는, 창조적이 되려면 이단이 되어야 한다는 뜻이다.

유교는 '평균'이 무조건 좋은 것이라고 가르쳤다. 공장경제는 평균에 모든 사람을 몰아넣는다. 집단을 위한 표준과 규격은 성스럽고, 개인의 창조행위는 세속적이고 고상하지 않다. 집단은 절대적으로 중요하고 개인은 중요하지 않다. 튀어나온 못을 단번에 망치로 두들겨 모든 못을 똑같은 길이로 만들어버리는 집단이라는 공포 앞에서, 자신만의 생각과 표현을 하고 싶은 창의적 개인은 결국 스스로 '똘아이'이기를 자처한다. 차라리 내가 똘아이라고 정의하고 나면 마음 편하게 생각을 표현할 수 있다. 개인의 공간을 인정해주지 않는 유교문화 때문에 올바른 창의성 개념이 성립되지 않았다. 우리에게 창의성은 너무나 생소하다.

15년 전, 마부바니는 미래에 낙관적이었다. 엄청난 수의 아시아인이 유학을 하고 있고, 세계는 점점 좁아지기에 아시아인이 서구의 소프트웨어를 머지않아 체득할 것이라 믿었다. 15년이 지난 후 그는 한 컨퍼런스에서 삼성과 애플의 경쟁에서 삼성의 선전을 예로 꼽았다. 서구의 개인주의적 창의성이 아닌 집단 창의성이 꽃을 피운 좋은 예라고 칭찬했다. 삼성에는 스티브 잡스 같은 상징적 리더는 없지만 '조직 창의성'을 통해 세계적인 리딩 기업이 되었다는 것이다. 그리고 거기에 '아시아적 생각'이 있다는 것이다. 과연 그럴까? 삼성은 서구의 소프트웨어를 넘어서 아시아적 생각으로 스마트폰 시장을 석권한 것일까. 그렇지 않다. 개인의 창의성이 존중되지 않는 환경에서 집단 창의성이 발현된다는 말은 언어도단이다.

삼성의 집단 창의성은 국가주도 혁신State-driven Innovation의 대표적 사례다. 한국과 일본, 대만과 중국에 이르기까지 극동 국가들의 증명된 경제발전 모델의 일환이다. 그것은 성공적이었다. 하지만 그 과정에서 창의성 요인은 왜곡되어 있다. 집단 지식과 집단의 지적 기술이 있었을지는 모르지만 개인의 사고유형, 개성, 동기, 환경에서 삼성이 진정한 의미의 창의성을 육성했다고 보기 어렵다. 집단 목표를 위한 조건 없는 개인 희생이 낳은 결과에 가깝다. 그래서 마부마니가 칭송한 삼성의 집단 창의성 평가는 틀렸다. 삼성뿐 아니라 앞으로 아시아 기업들이 풀어야 할 숙제는 개인의 존중이다. 과연 창의성은 어디서부터 시작해야 할까?

Step 1: 설명할 수 있는 창의성

창의성은 설명할 수 있다는 사실을 깨달아야 한다. 한 개인이 어느 날 갑자기 똘아이가 되어 뜬금없이 창의성이 발현되는 것이 아니다. 천재의 재능이어서도 안 된다. 설명할 수 있어야 가르칠 수 있고 배울 수 있다. 이것이 우리에게 필요한 창의성이다. 그래야 기업에 경쟁력이 생긴다. 조직에서 창의성을 개인의 선택으로 치부하면 기업경쟁력을 우연에 맡기는 것과 같다.

물론 남보다 유달리 창의적인 사람이 있다. 그들의 공통점을 알아내면 창의성을 설명할 수 있고 배울 수 있다. 그런데 그 공통점을 개인적 기질이라 오해한다. 생각해보자. 엉뚱한 생각을 좋아하는 사람이 창의적 아이디어를 내놓을 가능성이 높을까? 그럴 수 있다. 엉뚱한 성향, 자유분방한 사람이 관련 없는 것들을 연결시켜 패턴을 읽어내고, 남들이 찾아내지 못하는 통찰을 해낼 가능성이 높다. 반면 아닐 수도 있다. 엉뚱한 생각을 남들에게 설득하고 싶은 추진력이 없다면 그는 창의적이 될 수 없다. 신제품 아이디어든, 예술이든, 새로운 업무방식을 고안하는 행위든, 남들에게 아이디어를 설명하려는 '의지' 없이는 그저 엉뚱한 생각에 그칠 뿐이다. 창의성에서는 개인의 기질 말고도 의지력이 중요하다.

예술 역시 마찬가지다. 예술이 자기만을 위해 어떤 영감을 표현하는 행위라고 생각하면 오산이다. 예술은 타인과의 의사소통을 위해 하는 것이고, 비록 예술창작 과정은 혼자 할지언정 그 행위의 핵심에는 자신의 예술세계를 알리고자 하는 강한 의지가 있다. 치열한 의지 없이 예술을 한다면 취미생활에 불과하다. 동기, 추진력이라고도 할 수 있는 의지력이 있어야 엉뚱한 생각에 가치가 생기고 발전을 한다. 개인적 기질이 창의성의 모든 것을 설명하지는 못한다.

환경은 또 어떤가. 개인 기질이 창의적이고 상대를 설득하려는 의지가 아무리 강해도 여건이 그것들을 인정해주지 않으면 창의성은 발현될 수 없다. 매일 직장에서 피부로 겪고 있는 상황이다. 창의성 강한 사람이 한국 대기업에 입사해 자신만의 창의성을 심화, 발전시켰다는 사례를 들어본 적이 없다. 창의적 인재도 '평균'의 사람으로 만들어야 속이 후련한 집단문화를 뜯어고치지 않고서 창의성을 키우겠다는 것은 자가당착이다.

이런 식으로 환경 요소, 개인의 기질적 요소, 동기부여 요소를 하나씩 따져서, 잘 안 되는 이유와 잘 되는 이유를 분석하면 창의성을 이성적으로 설명할 수 있고, 개발할 수 있다. 직장인에게 창의성은 괴물도 아니고 똘끼도 아니다.

Step 2: 부디, 제발, 개인을 존중하라

변환기에 서있는 우리가 창의성을 터득하는 방법은 지금까지 알아왔던 많은 패러다임을 거꾸로 뒤집는 것에서부터 시작한다. 하지만 실천에는 많은 용기가 필요하다.

스스로를 우선시하라. 유교라는 높은 문화적 벽 때문에 아시아에서 자리 잡지 못한 서구 소프트웨어의 핵심은 개인의 존중이다. 그 개인이 바로 당신이다. 맹목적으로 집단이 더 중요하다는 모든 주장에 반대하고 자유로워져라. 당신만의 목소리에 귀를 기울여 자신의 창의적 기질이 무엇인지 찾아내라. 사람마다 창의성 스타일은 다르다. 어떤 사람은 시각적으로 사고하면서 아이디어를 얻고, 어떤 사람은 수학적으로 논리를 풀다가 아이디어를 얻는다. 둘 다 창의성이다. 그래서 당신을 존중해주는 만큼 남들도 개인 대 개인으로 존중하라. 상대 스타일을 존중하고 당신과 다른 점을 배워라. 모두 똑같은 방식으로 사고하고 행동하라는 집단 목소리에 반기를 들어라.

공장경제의 성공방식을 잊어라. 열심히 일하는 것과 장시간 무념으로 일하는 것은 다르다. 창의성은 충성심으로 가장된 비생산적 야근시간과 반비례한다. 회사가 인생의 전부가 되어버린 상사에게 반대하고, 눈치에 얽매여 낙서하며 야근하는 스스로의 용기 없음에 반대하라. 개인주의를 옹호하라. 개인주의는 이기주의가 아니다. 탈사회화도 아니다. 개인주의는 인본주의이고 당신의 본성이다. 깨어있는 개인들이 상호작용하는 것이 스마트워킹이고 현대사회의 근간이다.

배움의 자세를 바꿔라. 출제자도 이해 못하는 입사시험 문제를 공부하지 말고 세상물정을 공부하라. 글로벌경제가 어떻게 돌아가는지 위기감을 가지고 알아내라. 읽어라. 써라. 대화하고 토론하라. 그러다 보면 직업이 무슨 의미인지 생각하게 된다. 생각하는 동물이 된다. 자신의 목소리를 찾으면 창의성 스타일을 찾게 된다. 이 과정 없이는 거대한 평균의 아주 작은 파편에 불과할 뿐이다.

창의성 시대에 살아남기 위해서 기꺼이 똘끼의 철학을 따르라. 그러나 명심할 게 있다. 앞으로 10년 후, 후배들에게 똘끼는 더 이상 똘끼가 아니다. 당연한 인간의 권리일 뿐이다. 당신은 오늘, 그저 뒤엉킨 인류사를 거슬러 올라가고 있을 뿐이다.

실용적인 창의성이 필요하다

창의성을 이성적으로 설명할 수 있어야 한다는 점과 창의성이 개인의 존중으로부터 출발한다는 사실을 인정했다면 다음 단계는 구체적으로 직장인에게 필요한 창의성을 생각해야 한다. 직장에서는 창의성을 실용적으로 생각할 필요가 있다. 창의성이 핵심적으로 필요한 직업 혹은 직무가 무엇이라 생각하는가? 창의성이 생소하다보니 이 질문에 오답을 하는 경우가 많다.

오답 가운데 하나는, 창의성은 예술분야에서만 중요하다는 생각이다. 예술은 무無에서 유有를 창조하는 과제다. 창의성 강도가 가장 강력해야 가능한 분야다. 하지만 직장에서 요구하는 창의성과 예술창작에서의 창의성은 현저히 다르다. 첫째, 예술작업에는 시간 개념이 없다. 완성도 개념만 있다. 시간이 오래 걸리더라도 예술적 영감을 완벽히 표현한다면 예술적 가치가 있다. 그러나 직장에서는 늘 시간의 제약이 있다. 둘째, 예술 창의성은 고도의 자기집중 과정이다. 한 개인의 사상을 온전히 드러내기 위해 예술가는 고독한 싸움을 통과한다. 세상과의 교류를 통해 영감을 얻을 수는 있지만 표현 과정은 지극히 개인적이다. 반면 직장에서는 개인의 사상보다 이윤을 얼마나 만들어낼 수 있는가의 검증이 우선이다. 의사소통이 매우 중요하다. 그러므로 창의성 개발을 할 때 예술 분야에서 영감을 얻으려 한다면 실용적이지 않다.

다른 오답은 기업혁신, 마케팅 등의 직무에만 창의성이 필요하다는 생각이다. 신제품이나 신규 서비스 개발 등이 흔히 볼 수 있는 창의적 업무지만 직장인의 창의성이 여기에 국한되지는 않는다. 회계업무에도 창의성은 있다. 전표처리를 짧은 시간에 오류 없이 해낼 수 있는 방법을 찾아냈다면 그것 역시 창의성이다. 영업에서도 창의성은 무궁무진하다. 고객 데이터를 분석해서 그룹별 수익률을 찾아내고 그에 맞춘 새로운 영업활동을 해서 실적이 좋아졌다면, 그것 역시 창의성이다. 즉 창의성은 모든 직무에서 찾을 수 있고 찾아야만 하는 덕목이다.

창의성은 '문제해결 능력'이다. 직장 업무는 매순간 문제해결의 연속이다. 직종과 업무에 상관없이 늘 새로운 과제에 맞닥뜨린다. 그 과제에 새로운 아이디어를 내고, 창의적으로 해결하는 것이 창의성이다. 그것이 직장인에게 필요한 실용적 창의성이다. 문제해결 능력은 누구나 연습하고 실천하면서 배우고 향상시킬 수 있다. 문제해결Problem solving이라는 개념이 한국인에게 다소 생소할 수 있다. 직장이든 학교든 어떤 문제가 있다는 사실을 부인하는 집단 문화가 강하기 때문이다. 이것 역시 유교의 영향이다. 세상은 완벽하고 변하지 않는다는 고정관념에 매여 있는 것이다. 그러나 문제해결이라는 개념은 현실에 대한 부정이 아니라 미래를 위한 긍정적 변화의 의미다.

첫째, 문제해결 능력은 지적 기술이다. 그래서 지식 자체가 중요하다. 창의성이 똘끼의 발현이거나 엉뚱한 생각의 연장이라고 오해하는 경우가 있다. 아니다. 직장인에게는 일단 지식의 기본적 양이 축적되어 있어야 한다. 가장 큰 이유는 아이디어를 조직 전체에게 설득하고 검증해야 하기 때문이다. 그것은 매우 논리적 과정이며 감성적 의사소통이 아니다. 근본 없이 무작정 창의적이 되려 하지 마라. 업무에서 창의적으로 문제를 해결하기 위해 충분한 지식이 있는지 먼저 점검하라.

둘째, 문제를 풀려는 의지가 필요하다. 지식이 아무리 쌓여 있어도 문제를 해결하려는 자세 없이는 창의성이 개발되지 않는다. 의지력은 2가지 경로를 통해 형성된다. 가장 대표적 유형은 헝그리 정신이다. 내 앞에 던져진 과제를 기필코 해결하겠다는 자세다. 식당 웨이터를 보면 그 사람이 창의적인 종업원인지 아닌지 금세 알아차릴 수 있다. 어떤 문제가 발생했는지 식당 주인이 묻기 전에 스스로 찾아서 해결하려는 웨이터가 있는 반면, 손님이 불평을 하기 전까지는 꿈쩍도 않는 웨이터가 있다. 그는 창의적이 될 가능성이 낮다.

문제해결 의지는 문제 자체를 찾으려는 관심에서부터 출발한다. 주변에 존재하는 문제를 인식하는 능력, 관심과 욕심이 해결을 향한 의지력이다.

문제해결 의지를 개발하는 두 번째 방식은 뜻밖에도 게으름이다. 헝그리 정신과는 반대다. 던져진 과제를 쉽고 간편하게 해결하려는 욕심이 긍정적 의지력으로 작용한다. 수학문제를 수십 줄로 열심히 풀어서 해결하는 사람이 있는가 하면, 몇 시간 동안 생각만 하다가 단 두 줄에 푸는 사람도 있다. 이 역시 의지력이고 창의성의 일부분이다. 때론 게을러질 필요도 있다.

셋째, 지식과 의지가 있다면 이제 문제해결 스타일을 알아야 한다. 스타일에는 장단점이 있다. 분석 창의성이 강해서 여러 해결 방안을 빠른 시간에 내놓는 사람이 정작 최종 아이디어를 못 고르는 경우가 있다. 반면 여러 해결 방안을 찾지는 못하지만 아이디어를 잘 고르는 능력이 있는 사람도 있다. 또 일단 실행해 가면서 문제를 해결하는 스타일이 있는 반면 계획을 항상 먼저 세우는 사람이 있다. 전자는 해결해야 하는 문제가 단순한 경우에 효과적이지만 문제가 복잡하면 효율적이지 않다. 후자는 구조적이고 복잡한 문제를 풀어갈 때 유리하다. 이런 식으로 스타일을 점검하고 장단점을 인식하라. 강점을 극대화하고 약점은 타인과 협업하라. 이것이 미래에 먹고사는 실용적 창의성이다.

창의성은 타고나는 게 아니다. 아이디어가 많은 특출한 사람이 있겠지만 우리에게 필요한 창의성은 누구나 개발하고 배울 수 있는 능력이다. 그 능력을 찾아내기 위해서는 개인마다 생각과 느낌의 차이를 존중해야 한다. 개인의 특유성을 주어진 과제와 문제를 해결하는 데 실용적으로 사용하는 지혜가 직장에서 필요한 창의성이다.

실전 특강

1. 똘끼로 생각하고 논리로 말하라

실제로 똘끼가 사고방식을 바꿔준다. 반대주의자가 되어 생각하라. 기존에 존재하는 해결방식을 무조건 틀렸다는 가정으로 생각을 출발해보라. 남들이 제안하는 문제해결 방식 말고 더 나은 답이 있다는 믿음을 가져라. 회사의 업종과 전혀 상관없는 분야를 관찰하라. 풀어야 하는 문제는 다르더라도 문제해결 방식에서 벤치마킹할 수 있는 사례가 있다. 상사가 가지고 있는 가설을 뒤집어보라. 종종 패러독스에서 좋은 아이디어가 나온다. 개인의 창의성은 무궁무진해서 반대 과정을 통해 새로운 아이디어는 계속 나오게 되어 있다. 그러나 그것을 즉시 주변에 표현할 필요는 없다. 자칫 왕따의 지름길이 된다. 반대 생각을 김치처럼 숙성시켜라. 푹 익혀서 통찰을 찾아내기 전까지는 표현을 조심하라. 아이디어가 무르익었을 때 설득력 강한 논리로 풀어라. 아이디어와 설득은 전혀 다른 과정이다. 직장에서는 참을성을 발휘하는 것이 창의성을 발현시켜 준다.

2. 수평적으로 확대하고 수직적으로 정리하라

마인드매핑Mind Mapping은 정보를 정리하는 것뿐 아니라 아이디어를 발굴하는 방법으로도 유용하다. 머릿속에 떠오르는 사물과 개념을 나열하고 연결하는 방법으로, 연상작용에 의거한 아이디어 개발의 정통 방법론이다. 그러나 수평적으로 펼친 생각만으로는 문제해결에 도움이 안 된다. 남들이 생각지 못하는 연상을 하고 새로운 패턴을 찾아내는 것처럼 보이지만, 그것만으로는 설득에 무리가 있다. 설득을 잘 하려면 수평적으로 찾아진 아이디어들을 수직적으로 정리하라. 논리를 1번에서 25번까지 한 줄씩 표현해보라. 1~5번까지는 문제 정의, 6~15번까지는 주요 분석, 16~20번까지는 해결 아이디어 영역 제시, 21~25번까지는 아이디어 정리로 구성하라. 각 번호마다의 연결을 되돌아보고 논리의 비약이 없는지 살펴라. 청중 입장에서 생각하고 고치고 또 고쳐가다 보면 25줄짜리 설득안이 탄탄해진다. 100페이지 프레젠테이션 준비는 그 다음에 해도 늦지 않다.

마인드매핑 1단계: 사물과 개념 나열

여성 직장인을 대상으로 한 신제품 개발 아이디어를 상상해서 만든 사례다.

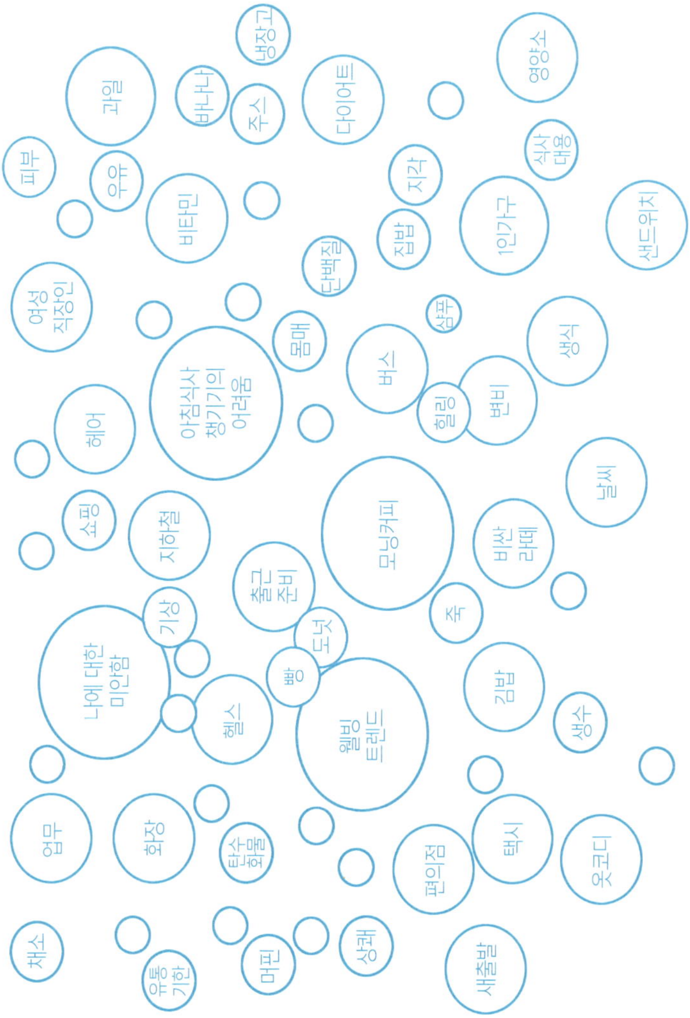

마인드 매핑 2단계:
주요 노드node 선정 및 연결

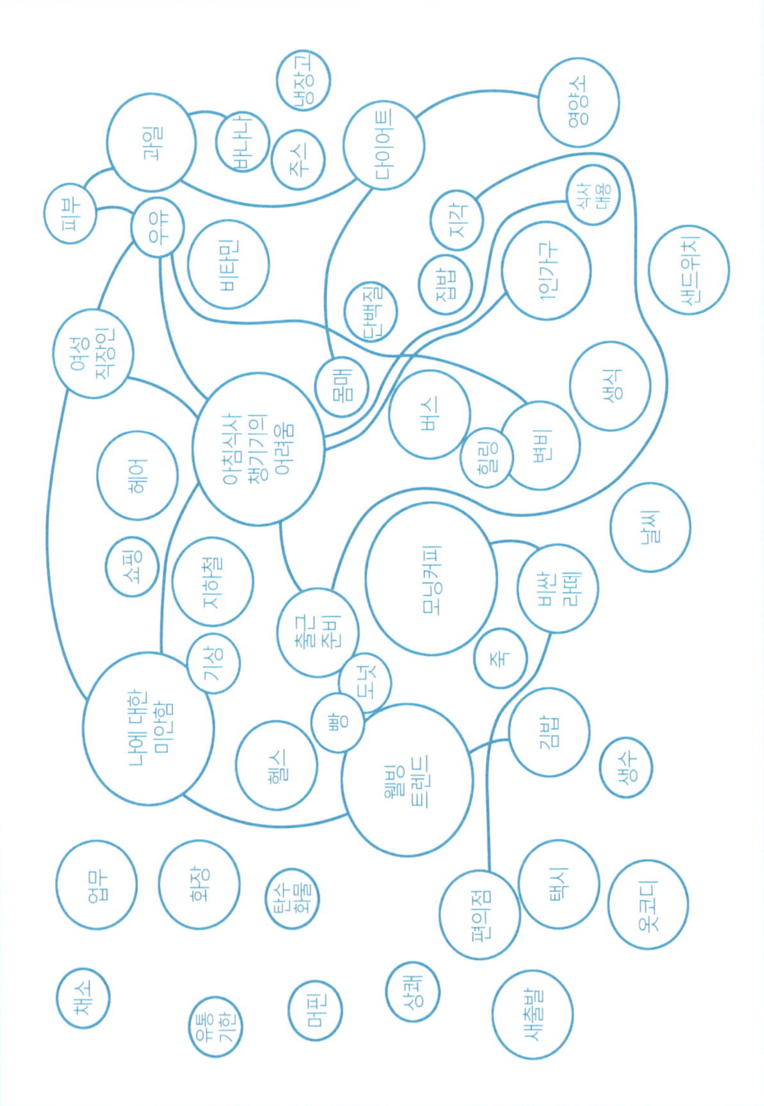

마인드 매핑을 수직화하는 방법 1단계:
주요 노드node의 순번 매기기

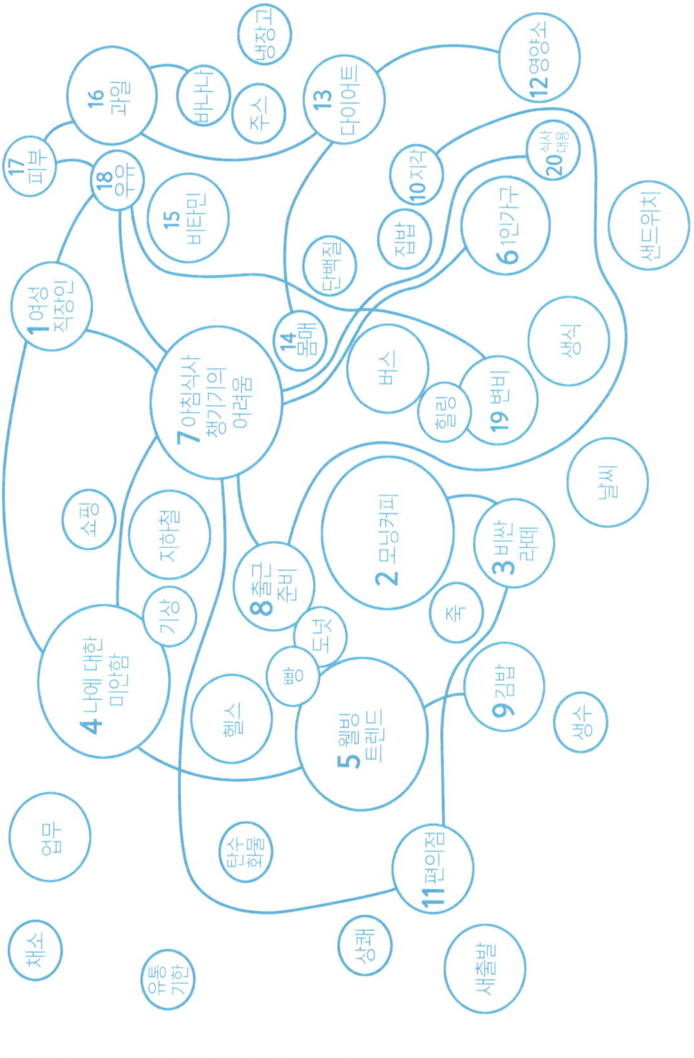

마인드 매핑을 수직화하는 방법 2단계: 순번의 수직관계 만들기

문제 정의	1	여성직장인	여성 직장인은 그들의 다른 편익을 원한다.
	2	모닝커피	예를 들어 아침에 마시는 커피는 하루를 시작하는 에너지이자 일종의 리추얼이다.
	3	비싼 라떼	하지만 커피전문점의 라떼는 가격이 부담스러운 게 사실이다.
	4	나에 대한 미안함	여성 직장인은 나 자신에 대한 미안함이 늘 있다.
	5	웰빙 트렌드	커피도 좋지만 자신의 몸과 마음에 상큼한 무엇인가를 늘 원한다. 출근은 활력소가 되어야 한다.
주요 분석	6	1인가구	홀로 사는 여성 직장인의 비율은 점차 커지고 있다.
	7	아침식사 챙기기의 어려움	그들은 아침식사를 챙겨먹는 게 버겁다.
	8	출근 준비	화장이나 옷코디 등 여성만의 출근준비 시간이 상당히 길다.
	9	김밥	손쉬운 방법으로 김밥을 사먹기도 하지만 상큼함이 없고, 품질에 의문이 있다.
	10	지각	매일 아침 지각과의 전쟁이다.
	11	편의점	편의점에서 아침거리를 사기도 하지만…
	12	영양소	영양소에 큰 도움되지 않는 음식들 뿐이라는 인식이 있다.
해결 아이디어 영역	13	다이어트	여성의 가장 큰 관심사는 다이어트다. 다이어트 식을 찾자.
	14	몸매	외모에서 몸매의 중요성은 더욱 커지고 있다.
	15	비타민	겉으로만 보이는 몸매가 아니라 몸속의 건강 역시 놓칠 수 없다. 비타민이 꼭 필요하다.
	16	과일	채소와 함께 과일 역시 자주 애용하는 아침음식이다.
	17	피부	몸속의 건강은 피부로 금세 드러난다. 피부미인이 진실한 미인이다.
	18	우유	우유 역시 손쉽게 섭취할 수 있는 영양소다.
	19	변비	여성에겐 아침변비가 큰 고민이다. 유제품이 선호되는 이유다.
	20	식사대용	우유만으로는 식사대용이 안 된다.
아이디어 정리	21	떠먹는 요구르트	바쁜 시간에 빨리 섭취할 수 있는 음식이다.
			커피전문점의 음식 대비 가격에 부담이 없다.
			편의점 입점으로 바쁜 출근시간에 접근성을 확보할 수 있다.
	22	건강식	떠먹는 요구르트는 씹히는 감이 있어 죽처럼 식사대용의 이미지를 만들 수 있다.
			과일이나 채소 등을 내용물로 첨가해서 건강식의 이미지도 만들 수 있다.
			유제품이므로 변비, 피부 등에 도움이 되는 건강식으로 포지셔닝 하자.
	23	여성만을 위한	여성만을 위한 솔루션으로 포지셔닝 할 수 있다.
			브랜드 네임, 포장디자인, 프로모션을 위에 열거한 인사이트를 가지고 전개하자.

3. 메모는 돈이다. 적금을 부어라

창의성은 졸릴 때, 무념무상일 때, 엉뚱한 장소에서, 몸과 마음이 느슨해져 있을 때 급습한다. 훌륭한 아이디어가 그런 상황에서 자주 나온다. 아이디어가 떠올랐을 때 스마트폰에 메모하라. 사진을 찍고 녹음을 해둬라. 설익은 아이디어도 상관없다. 그렇게 수평적 사고의 확장을 놓치지 마라. 창의성을 키울 수 있는 작은 실천들이 모여 연봉이 올라간다면 노력해볼 만한 습관이다.

4. 모방이 창조의 어머니라면 자극은 창조의 아버지다

창의성에 대한 갈망 자체가 창의성을 길러준다. 당신보다 더 창의적인 사람, 사물, 장소, 글, 그림을 찾아 헤매라. 자극이 없으면 모방은 모방에서 끝난다. 남들보다 더 좋은 아이디어, 큰 아이디어를 꿈꿔라. 경쟁심 없이는 창의적이 되기 어렵다. 회사에 창의성이 뛰어난 동료가 있다면 시기해야 정상이다. 당신을 돌아보라. 얼마나 창의적이 되고 싶은가.

착한 사람들만 모여 있는
직장은 없다

제7강

관계의 기술

지금 절실하게 필요한 것은
인성이 아니라 수십 년 동안
다른 환경에서 성장하고 배운
다른 성격의 사람들이
공감하고 의사소통하고
관계를 개선시켜 나가는 방법론이다

사람이 모이는 모든 곳에는
반드시 갈등이 있다
갈등과 다툼을 봉합하고
문제해결에 집중하게 하는 인간관계 기술
이것이야말로 반드시 배워야 하는
핵심 가치다

"짐작하고 계셨겠지만……."

내 부서에서 부하직원으로 2년 여 일하다가 타 부서로 옮긴 지 6개월 정도 된 타카하시가 불쑥 찾아왔다. 그날따라 긴장이 역력했다. 원래 피부가 하얀 편이었는데 피로가 겹쳤는지 더 창백해 보였다.

도쿄의 여름은 덥다. 한국보다 기온은 4~5도 높고, 습도도 더 심하며, 여름날도 길다. 그 더운 날 타카하시의 말은 내 가슴을 쿵쾅거리게 만들었다.

"오늘 사표 썼어요."

나도 모르게 한숨이 나왔다.

'올 것이 왔구나'

타카하시의 사표가 던지는 질문

타카하시가 부서 이동을 할 때 많은 사람들이 걱정했었다. 새 보스가 될 담당 임원의 불같고 비이성적 성격은 회사 안에서도 매우 유명했기에 과연 타카하시가 잘 적응할 수 있을 것인가 하는 우려였다.

하지만 타카하시가 워낙 성숙한 인격의 소유자이기에 잘 견디어 내리라 확신했다. 그래서 부서 이동에 동의했었다.

"결국, 그 사람 때문인가요?"

내가 조심스레 물었다.

"……네."

머뭇거리다가 타카하시가 대답했다.

"심사숙고했나요? 최종 결정인가요?"

"……네. 저는 그런 성격의 사람하고는 도저히 함께 일을 할 수 없어요."

나는 미안한 마음에 어쩔 줄 몰랐다. 동시에, 그가 이미 결정을 내렸다면 돌이킬 수 없는 상황이란 것도 잘 알고 있었다. 타카하시는 책임감이 강했고, 어려운 결정이라도 후회하거나 하는 성격이 아니었다. 표정은 홀가분해 보였으나 씁쓸함을 감추지는 못했다.

타카하시의 별명은 성인聖人이었다. 무작정 착해서 붙여진 별명이라기보다는 여러 부류의 사람들과 원만한 인간관계를 늘 유지했기에 그런 별명이 붙었다. 그를 아는 대다수의 사람이 좋아했고, 특히 후배들은 잘 따랐다. 영업부서 출신인 타카하시는 회사 사람들과 두루두루 친분이 깊었고 신뢰도는 최고 수준이었다. 말수는 적었지만 점잖은 신사 스타일이었고 업무능력 역시 뛰어나 나와 일을 하면서도 실적이 늘 최상위였다.

그는 부서 이동을 원치 않았었다. 하지만 한 부서에서 7년 이상을 근무했기에 그의 성장을 위해서는 다른 부서의 경험이 꼭 필요했다. 그런 차원에서 다소 힘들더라도 새로운 제품, 더 큰 매출의 제품을 맡는 게 필수적이었다. 나 역시 그를 놓치는 게 아쉬웠지만 더 비중 있는 부서로 옮길 수 있는 기회였기에 그를 설득했었다. 그 과정에서 해당 임원의 부하직원 관리에 대한 부정적 평판 때문에 인사부에서 타카하시를 잘 지원해주겠다는 다짐까지 받았었는데 결국 일이 이렇게 된 것이다.

타카하시의 사퇴 후 담당 임원의 평가는 곤두박질쳤다. 몇 달 후 그는 일종의 강등조치가 되어 다른 부서로 발령이 났다. 그러나 소 잃고 외양간 고치는 격이었다. 그는 이미 수차례나 그런 식으로 부하직원을 잃은 경력의 소유자였다. 실무 경험이 많아 실적은 줄곧 우수했지만 함께 일하는 아랫사람에게는 강압적 업무지시형 상사였고 하루 종일 괴팍한 언사를 내뱉는 사람으로 알려져 있었다.

직장에서 우리는 간혹 인간관계 때문에 큰 홍역을 치른다. 본인의 사건일 수도 있고 주변의 사건일 수도 있다. 참 어려운 숙제다. 게다가 타카하시의 경우처럼 회사 입장에서 인재를 잃는 경우는 그 문제에만 머무는 게 아니다. 주변에 여파가 크다. 타카하시의 평판이 워낙 좋았기에 그 사건은 두고두고 직원들 사이에서 입방아에 올랐으며 조직 사기에 큰 영향을 끼쳤다. 과연 이 숙제를 어떻게 풀 것인가?

먼저 착각 한 가지를 벗어던져야 한다.

인성 강조는 이제 그만

2013년 여름, 전경련의 국제경영원이 한국의 CEO 400여 명에게 물었다. 어떤 인재를 원하는가라는 설문의 답을 추려보면, 92%가 '지원자의 인성 및 태도를 많이 본다'라고 답했다. 5.3%는 '실무능력 및 경험'을 본다고 했고, '첫인상'이 1.8%, '학벌 등 스펙'이 0.8%였다. 도대체 인성이 무엇이기에 10명 중 9명의 최고경영자가 채용 잣대로 삼았을까. 싫어하는 유형의 지원자를 살펴봐도 그리 놀라운 결과는 없다. 38.9%가 '비윤리적, 비도덕적 사람'을 가장 싫어한다고 답했고, '한 입으로 두 말하는 책임감 없는 사람', '업무에 불성실한 사람' 등이 뒤를 이었다.

어느 항목이 1위인가 2위인가는 중요하지 않다. 최고경영자의 인식구조가 더 큰 관심사다. 모든 잣대가 이른바 '사람 됨됨이'와 관련 있다. 그래서 궁금증 하나는 누가 이 설문을 만들었는가이다. 채용 시 가장 싫어하는 유형의 선택 항목을 보면 '자기 것만 챙기는 개인주의적 사람', '시키는 것만 하는 수동적 사람', '힘든 일은 금방 포기하는 나약한 사람' 등의 항목도 포함되어 있다. 응답자인 최고경영자뿐 아니라 이런 조사를 기획하는 경영계의 일반적 인식이 아직까지 직원의 '사람 됨됨이'를 최고의 가치로 삼고 있는 셈이다.

직장에서 인간관계 문제를 해결하기 위해서는 역설적으로 인성이라는 모호한 개념을 먼저 버려야 한다. 타카하시의 인성에는 아무런 문제가 없었다. 오히려 사람 됨됨이로는 회사에서 가장 존경받던 관리자 중 한 명이었다. 사건의 중심에 있던 임원의 인성에는 많은 문제가 있었다. 그러나 회사는 그의 실무 능력을 잃고 싶지 않았기에 그가 일으키는 인간관계 문제는 덮어두었던 것이다. 그렇게 우리는 정체 없는 인성이라는 개념에 사로잡혀 산다. 막연히 사람 됨됨이가 중요하다고 믿지만 실제 업무에서는 용도가 없다.

서로 다른 성향의 사람들이 모여 일하는 장소인데도 직장에서 인간관계의 충돌은 터부시된다. 모든 개인이 착해야 하고, 모두가 화합하고 조직을 우선시하면 된다는 것이 인성 개념의 정체다. 이 착각을 버리지 않으면 숙제는 풀리지 않는다. 필요한 것은 인성이 아니라 서로 다른 사람의 스타일에 따라 인간관계를 풀어나갈 수 있는 기술이다. 생활을 더 편리하게 하기 위해 컴퓨터나 운전을 배우듯, 누구나 배울 수 있고 배워야 하는 기술이다. 게다가 앞으로는 이 기술 없이는 직장생활하기가 더 어려워진다. 그래서 이 배움에 대한 당위성은 너무나 크다.

직장인의 새로운 숙제

농경사회 시절에 인간관계의 변화는 느렸다. 아니 거의 평생 변하지 않았다. 가족과 친척, 동네사람이 전부였다. 산업경제 시절은 인간관계의 변화와 폭이 더 커졌지만 여전히 도시에서의 직장생활은 예측가능하고 반복적이었다. 그 시절 직장인의 업무는, 몇 월 며칠까지 특정한 가격에 물건을 만들고 그 물건을 배달하고 수금하는 식이었다. 우리가 받은 교육 역시 그런 기술에 초점이 맞춰져 있다. 물건을 만드는 지식, 시간표에 따라 정해진 분업을 이해하는 능력을 배웠다. 실적 목표는 수리적이고 그 목표의 달성을 위해 수학을 배웠다.

하지만 지식경제로 이동하면서 산업구조가 바뀌었다. 서비스업 비중이 커지고, 로봇과 소프트웨어가 인간 노동을 대체하면서 지식노동자가 늘어났다. 결과적으로 감정노동과 정신노동이 이젠 대부분 직장인의 업무 유형이 됐다. 사람이 기계와 일하던 시절은 지나갔고 이젠 사람과 사람이 일하는 시대다. 눈앞에 보이는 물건이나 정답이 똑 떨어지는 숫자를 상대하는 게 아니라 눈에 보이지 않는 다양한 사람의 생각과 감정을 상대하는 일이 삶이 됐다. 그래서 직장에서 인간관계는 복잡, 다양해지는데 이를 대처할 준비는 턱없이 부족하다. 그러니 직장인에게 정신적 스트레스가 쌓일 수밖에 없다.

이는 비단 우리만의 문제는 아니다. 서구 선진국의 직장인 역시 겪었거나 겪고 있는 숙제다. 유럽과 미국에서는 산업경제에서 혁신경제로의 이동으로 기업의 경영방식은 급격히 바뀌었고, 그 결과 새로운 직업적 요구가 직장인의 정신적 스트레스를 급증시켰다. 특히 북

유럽에서는 1990년대 높은 자살률이 큰 사회문제가 되었고, 직장인은 적응장애와 우울증에 시달렸다. 그러면서 서서히 직장인의 스트레스에 대한 사회인식이 자리 잡기 시작했다. 이런 인식은 유럽 국가들의 정신적 피해자에 대한 법원 판결을 보면 알 수 있다. 2001년 영국에서는 처음으로 직장에서의 스트레스 때문에 직원이 입은 피해에 대해 기업이 1억 원 가량의 배상을 하라는 판결이 나왔다. 같은 해 어떤 교사는 3억 원이 넘는 배상액을 학교 측으로부터 받았다. 네덜란드에서도 2002년 이후 1억 원에 가까운 배상금액의 판결이 수차례 내려졌다.

인류의 새로운 숙제 – 인생 기술

이런 각성은 직장인에게만 해당되는 이야기가 아니다. 지난 30년간 서구의 정신건강에 관심이 높아지면서 깨달은 점은 기존 교육에 한계가 있다는 것이었다. 계몽주의 탄생 이후 교육의 유일한 목적은 이성적 지식의 배움이었다. 그래서 읽기와 쓰기, 수학과 논리가 중요했다. 그러나 그런 지식 자체만으로 살아가기에는 사회구조나 인간관계 등 인간의 삶은 너무 복잡해졌다. 또한 개인의 감성과 심리적 행복을 추구하는 새로운 사회적 요구를 낡은 교육은 충족시킬 수 없게 됐다. 그래서 인간의 잠재성과 실제 인생을 사는 데 필요한 기술로 교육 패러다임이 바뀌어야 한다는 동의가 일어났다.

1990년대 중반부터 세계보건기구, 유네스코 등의 국제기구는 이를 인생기술Life Skills이라 명명했다. 새로운 인생기술이 필요하다는 자각은 처음에는 청소년의 미래 준비라는 차원에서 시작되었지만 이 교육의 대상은 모든 인류다. 계몽주의 교육을 받은 성인 역시 피교육자인 셈이다. 인생기술은 누구나 삶에서 겪는 문제점들을 슬기롭게 대처하는 일반적 능력이기 때문이다. 세계보건기구는 1997년 〈학교 내 아동과 청소년의 인생기술 교육〉에서 10대 인생기술을 이렇게 선정했다.

<10대 인생기술>

1. 자아 인식
2. 비판적 사고
3. 창의적 사고
4. 의사 결정
5. 문제 해결
6. 스트레스 극복
7. 감정 대처
8. 효과적인 의사소통
9. 대인관계
10. 공감

1~5번 항목은 사회적 단위가 아닌 개인 단위의 숙제이며, 6~10번은 사회성 기술이다. 스트레스와 감정을 다스리고 타인과 소

통하고 관계를 맺을 수 있는 소프트한 기술이다. 세계보건기구가 이렇게 구체적 기술을 천명했다는 사실은 우리가 그런 소프트한 기술을 배우지 못했다는 방증이다. 그 중에서도 특히 8, 9, 10번은 매우 중요한 인간관계 기술이다.

어찌 보면 이 기술들은 익숙한 개념이자 단어다. 하지만 단어를 아는 것과 그것을 받아들이고 기술로서 사용하는 것은 사뭇 다른 얘기다. 스스로에게 물어보자. "나는 공감을 잘하는 편인가?" 대답이 긍정이건 부정이건, 자신의 기술수준을 어떻게 측정할 것인가? "내가 어떻게 하면 의사소통을 효과적으로 할 수 있을까?"라고 물어보라. 그 방법을 알고 있다면 그 방법론이 얼마나 구체적인지 자문해보라. 그런 교육을 제대로 받아온 사람은 실상 많지 않다. 그래서 해당 개념을 실용적으로 쓸 수 있으려면 다소 공부가 필요하다.

그 공부를 해보자.

효과적 의사소통, 대인관계, 공감의 기술에도 순서가 있다. '공감 → 효과적 의사소통 → 대인관계 기술'이다. 타인과 공감 없는 의사소통은 진정성이 없으며, 의사소통 없이 일어나는 대인관계는 망가질 수밖에 없다. 그런 점에서 공감은 인간관계 기술의 핵심 출발점이다. 공감은 타인에 대한 이해력이다. 남성이 여성을, 성인이 어린이를, 상사가 직원을, 직원이 상사를 인정하고 이해하려는 자세다.

Step 1: 공감기술

도쿄는 국제적 도시다. 전체를 볼 땐 당연히 일본이지만 거주하면서 일하는 외국인 숫자가 적지 않고, 다국적기업의 유래가 오래된 곳들도 많다. 내가 근무하던 회사 역시 꽤 국제적 분위기였다. 외국계 기업으로서 역사가 50년이 넘었고, 150명 정도의 전체 직원 중에 20명가량의 외국인이 근무했다. 어느 날 내 보스 데이비드가 물었다.

"도대체 페드로는 어디에서 나타난 겁니까?"

"브라질이죠. 하하!"

나는 너털웃음과 함께 대답했다. 머릿속엔 하얀 이를 한껏 드러낸 페드로의 어린아이 같은 웃음이 떠올랐다. 페드로는 타카하시의 경우처럼 내 부서에 있다가 부서 이동을 시킨 직원이었다. 브라질 출신인 그는 일본에 유학 왔다가 정착한 친구였는데 내 부서에서 계약직 마케팅 담당자로 2년 정도 일했다. 마침 다른 부서에 정규직 공석이 생겨 나의 추천으로 부서를 옮겼다. 외국인이기에 정규직이 되는 게 쉽지 않은 상황이어서 페드로는 쉽게 동의했지만 새 자리는 여러모로 어려운 자리였다.

우리 회사 제품을 마케팅하는 것이 아니라 타 회사 제품을 위탁계약을 통해 판매하는 형식이었다. 그러다보니 내부적으로 관심을 못 받았고, 외부적으로는 원소유권 회사와의 마찰이 심했다. 그래서 실적은 늘 안 좋았고 스트레스가 심했다. 담당자도 수시로 바뀌었다. 그런데 페드로가 맡은 지 1년도 안 되어 상황은 역전되었다. 판매실적은 고공비행을 하기 시작했고, 모두가 그 이유가 페드로 덕분임을 인정했다.

나이는 어렸으나 페드로는 좀처럼 만나기 드문 인간관계 기술의 달인이었다. 외국인임에도 불구하고 보수적 일본인 영업팀과 끈끈한 관계를 유지했고, 4개 국어에 능통하다보니 원소유권자와도, 회사 내부 임원을 상대로도 사업계획 설득을 잘했다. 물론 그 과정이 절대 쉽지 않았다. 망가져 있었다 해도 과언이 아닐 정도의 제품판매를 순식간에 제 궤도로 올려놓을 수는 없었다. 그러나 페드로는 꾸준했다. 사장 데이비드를 포함한 임원들이 만족하는 것은 너무나 당연했다.

페드로를 통해 인간관계 기술을 구체적으로 살펴보자. 한 가지 짚고 넘어갈 점은 분석 그 어디에도 사람 됨됨이나 인성의 의미는 없다는 점이다. 운전을 배우듯 누구나 배울 수 있는 삶의 기술일 뿐이다.

과연 페드로는 어떻게 그런 능력을 가졌을까? 물론 타고난 환경과 기질 탓도 크지만 공감 기술에서 첫 번째 강점은 '접근성'이었다. 기본적으로 긍정 감성이 강한 나라 출신이어서 페드로는 상대의 스타일에 관계없이 남을 편안하게 해주는 능력이 있었다. 늘 미소를 잃지 않았고 작은 얘깃거리가 끊이지 않았다. 이 말은 남에게 쉽게 보이라는 뜻은 절대 아니다. "남이 내게 말을 걸고 싶은 분위기를 조성하는가?"라는 질문을 스스로에게 해보면 좋은 검사방식이 될 것이다. 공감기술의 기초 중의 기초가 바로 '접근성'이다.

두 번째는 '경청'이었다. 남의 말을 하염없이 듣기만 하는 것을 말하는 게 아니다. 상대의 의중을 잘 이해하는 능력이 경청이다. 페드로는 나와 일할 때도 내 말을 다시 정리하면서 자신이 제대로 이해하고 있는지 자주 확인했다. 경청을 하면, 상대가 나로부터 이해받고 인정받는다는 느낌을 준다. 공감의 핵심이다. 예를 들어, 색안경을 끼지 않고 남을 이해하려는 자세도 경청이다. 일본에 사는 브라질인이라는 특수 상황 때문이었는지 페드로는 문화적 차이점을 민감하게 느끼고 조절할 줄 알았다. 다른 시각이 있으면 공개적으로 다른 점을 인정하고 대화를 시작했다. 그러니 상대가 외려 편하게 느끼는 효과가 있었다.

Step 2: 효과적 의사소통 기술

페드로는 인간관계 기술의 기초가 되는 공감기술 위에 뛰어난 의사소통 기술을 갖고 있었다. 다국어 능력을 말하는 게 아니다. 조리 있게 말할 줄 알았다. 어떤 조직이든 말과 글을 잘 쓰는 것은 다다익선이다. 아마도 기성세대의 많은 사람이 처세술과 함께 화술을 중요하게 생각하는 이유도 여기 있지 않을까. 그런데 말을 잘하는 게 의사소통 기술의 전부라고 생각하면 큰 오산이다. 청산유수의 달변가가 인간관계에 실패하는 경우는 드물지 않다. 페드로는 '인내심'이 있었다.

직장에서는 대화 몇 번으로 의사소통이 되지 않는다. '소통', 즉 서로 통하려면 시간이 걸린다. 다른 생각을 하는 두 사람이 생각을 일치하는 과정이기 때문에 당연하다. 게다가 대화에 감정이라도 섞이면 인내심은 더욱 중요하다. 인내심이 의사소통 기술의 바탕이라는 것이 다소 아이러니하게 들릴 수 있지만 현실에서는 달변가보다는 끈기 있는 사람이 더 의사소통에 효과적이다. 페드로의 전임자들이 계속 실패할 수밖에 없었던 이유 중 하나가 바로 인내심 부족이었다.

페드로의 또 다른 뛰어난 의사소통 기술은 '협상력'이었다. 그는 늘 자기가 원하는 것이 무엇인지 명확했고, 그것을 상대에게 주저치 않고 전달했다. 그렇다고 일방적으로 요구를 밀어붙이는 성향은 전혀 아니었다. 그저 솔직할 뿐이었다. 상대와 접점을 찾기 위해 인내심을 잃지 않았다. 때로 우리는 협상력이라 하면 상대를 이겨 넘어뜨리는 것으로 착각한다. 그렇지 않다. 협상은 서로의 공통이익을 찾는 과정이다. 그러니 성공적 협상을 위해서는 내가 원하는 것에 대한 여러 옵션을 준비해놓는 게 좋다. 상대의 옵션까지 미리 짐작해본다면 더더욱 좋다. 그리고 작은 것부터 합의하고 그 작은 신뢰를 바탕으로 큰 협상으로 옮겨가는 게 협상력이다. 페드로가 원 소유권자나 회사 임원들과 협상을 잘했던 이유가 거기 있었다. 철저한 준비와 대화의 유연성, 인내심을 가지고 신뢰를 만드는 것이 협상이다.

Step 3: 대인관계 기술

타인과 공감할 줄 알고 의사소통이 뛰어난 페드로의 대인관계가 나쁠 리 없었다. 어찌 보면 대인관계는 공감과 의사소통의 결과물이 전부다. 단지 대인관계 기술은 긍정적 인간관계를 지속적으로 유지하는 기술에 가깝다고 볼 수 있다. 페드로가 잘했던 대인관계 기술은 '유머'와 '네트워킹'에 있었다.

누구와 대화를 나누든 페드로는 웃음과 위트를 잃지 않았다. 억지로 재미있는 사람으로 보이려 한다기보다 '이왕 일을 할 거면 즐겁게 하자'는 태도의 소유자였다. 유머는 대인관계 기술이라는 음식의 핵심 재료라기보다는 양념에 가깝다. 유머만으로 대인관계 자체가 개발되지는 않지만 적재적소에 활용하면 대화가 수월해지고 관계의 지속성이 늘어난다.

내 부서를 떠난 후에도 페드로는 한 달에 한 번 정도는 꼭 찾아왔다. 가끔 점심을 함께했고 차 한 잔을 함께했다. 아무런 목적이 없었다. 목적이라면 아마 '네트워킹'이었을 것이다. 당장 업무에 관련된 사람이 아니더라도 '대화가 통하는 상대로서 내가 당신 주변에 존재하고 있다'는 것을 알리는 신호다. 그 신호가 강할 필요는 없다. 약한 신호일지라도 주기적으로 보내면 상대에게 계속해서 상기되고 그동안 쌓여진 관계는 지속된다.

인성이 아니라 관계의 기술을 배워라

이제까지 살펴본 인간관계 기술이 모두에게 언제나 적용되지는 않는다. 사람마다 성향과 스타일이 다르기 때문이다. 페드로에게서 배운 기술을 적재적소에 사용할 줄 알아야 한다. 예를 들어 인간관계 자체에 과도하게 적극적인 사람이 있는 반면 소극적인 사람도 있다. 의사표현이 강한 사람이 있는 반면 약한 사람도 있다. 상황에 따라 유연하게 기술을 사용해야 한다.

예컨대 내가 의사표현에 소극적이고 상대는 적극적이다. 이 경우 내가 잘할 수 있는 기술은 인내심이다. 반면 '협상력'이 부족할 가능성이 있다. 타카하시가 그랬다. 자기표현에 적극적이지 않았던 타카하시는 인내심이 강했지만 다혈질 상사와 협상하는 방법을 개발하지 못했다. 일관성이 부족한 상사의 스타일에 맞는 협상력이 필요했다. 이 경우 상사가 원하는 것을 맞춰주되 내가 원하는 것을 얻는 방법을 취해야 한다. 상사를 어느 정도 길들이는 것이 필요하다. 하지만 "그런 성격의 사람과는 일할 수 없어요."라는 답이 말해주듯, 타카하시는 상사와의 마찰을 개인 성향의 불일치로 결론짓고 참고 참다가 사표를 던졌다. 사람의 인성, 성격만으로 인간관계를 형성하고 유지하려 하면 해결책이 없어진다.

착한 사람들만 모여 일하는 직장은 없다. 상대가 악질 범법자가 아닌 이상 이해하고 인정해야 한다. 그러지 않으면 결국 서로 감정적이 될 수밖에 없고, 그 피해는 상대가 아닌 나에게 돌아온다.

타카하시와 페드로 사례에서 배울 수 있는 것은 무엇일까? 결국 우리는 직장이라는 학교에서 인성이 아닌 인간관계 기술을 배워야 한다는 점이다. 인성을 설명하는 기준으로 등장시키는 성실함, 사람 됨됨이, 무난한 성격 등의 개념에는 오해의 소지가 너무 많다. 한마디로 그동안 막연히 생각해왔던 인성은 조직 내에서 큰 문제를 만들지 않고, 상사 지시에 무조건 복종해야 하며, 모두에게 친절해야 한다는 정체불명의 개념이다. 현대 경제사회에서 써먹기가 힘든, 아니 써먹을 가치가 별로 없는 미덕이다.

지금 절실하게 필요한 것은 인성이 아니라 수십 년이나 다른 환경에서 성장하고 배운, 다른 성격의 성인들이 공감하고 의사소통하고 관계를 개선시켜 나가는 방법론이다. 사람이 모이는 모든 곳에는 반드시 갈등이 있다. 갈등과 다툼을 봉합하고, 문제해결에 집중하게 하는 인간관계 기술, 이것이야말로 반드시 배워야 하는 핵심 가치다.

가장 곤란한 것은
모든 사람이 생각하지 않고
나오는 대로
말하는 것이다

–알랭

실전 특강

아래의 표는 개념적으로 인간관계의 4가지 유형을 설명한 내용이다.

양방이 모두 자기표현이 소극적이라면 두 사람 다 '경청' 기술이 좋을 가능성이 높다. 이를 바탕으로 신뢰를 쌓되 '접근성'이나 '유머' 기술을 활용하면 인간관계가 더 수월하게 풀린다. 반대로, 모두 자기의견이 강하면 '경청'이 실천되지 않을 수 있지만 '접근성'은 지켜야 할 장점이 될 수 있다. 나는 의사표현이 강한데 상대가 소극적이라면 시간을 갖고 관계를 맺어나가는 '인내심'이 필요하고, 주기적으로 상대에게 나를 상기시키는 '네트워킹'의 장점을 활용하면 효과적이다.

상대방 / 본인	자기 의견 표현에 소극적	자기 의견 표현에 적극적
자기 의견 표현에 소극적	지킬 장점: 경청 주 개발사항: 접근성 · 유머	지킬 장점: 인내심 주 개발사항: 협상력
자기 의견 표현에 적극적	지킬 장점: 네트워킹 주 개발사항: 인내심	지킬 장점: 접근성 주 개발사항: 경청

사례별 기술 활용

사람은 각양각색이다. 앞서 유형별로 방법론을 생각해봤지만 기본 개념을 둘러본 것뿐이고, 현실에서 사용하기엔 지나치게 단순하다. 현실에서의 인간관계는 수백 가지가 넘기에 수학공식과 같은 답은 없다. 개별 상황에 맞게 창의적 방법을 만드는 것이 유일한 답이다. 다만 숙제를 푸는 데 도움이 되는 차원에서 특정 사례 몇 가지를 살펴보자.

• 너무 잘나서 말붙이기 어려운 카리스마 선배

조직에는 가끔 뛰어난 개인이 있다. 동양인이든 서양인이든 뛰어난 개인은 종종 카리스마까지 있어 접근하기 껄끄럽다. 그가 선배나 상사라면 더욱 그렇다. 상대가 뛰어나니 조심스러워지고, 그러다보면 거리가 생긴다. 이 경우는 대화 이전에 '준비'하는데 시간을 많이 들여야 한다. 내가 즉흥적으로 말하기를 좋아한다면 까다로운 사람과 공감도, 의사소통도 어려울 수 있다. 통찰력 있는 상대가 무엇을 듣고 말하기를 좋아하는지 미리 시간을 들여 여러 모로 생각해야 한다. 게다가 뛰어난 개인은 조직에서 인정받기 때문에 대화 방향이 임원 등의 상급자 쪽으로 주로 치우쳐 있을 가능성이 높다. 즉 후배나 부하직원과의 대화시간이 적을 수 있다는 뜻이다. 그만큼 의사소통을 일정 수준으로 만드는 데 초기에 시간이 많이 걸린다. 나를 당장 인정해주지 않는다고 불평하지 마라. 시간을 벌어라. 적재적소에 그가 원하는 높은 수준의 대화를 인내심을 갖고 기획하라. 그러다보면 천천히 공감이 생기고 더 깊은 대인관계는 그 이후에 만들면 된다. 서둘러서 유머나 네트워킹 기술을 초기에 사용해봤자 큰 효과가 없다.

• 부하직원 말을 전혀 안 듣는 박 부장

부하직원 말을 귓등으로도 안 듣는 한국인 상사들. 문제는 뭘까? 대개는 문화적 습관이다. 부하직원이 자기보다 아는 것이 없다는 확신이 강하고 부하직원의 업무는 자신이 지시하는 것이지 대화하는 것이 아니라고 생각한다. 이런 경우 인간관계가 지극히 어렵다. 상대가 경청을 전혀 안 하므로 공감이 안 되기 때문이다. 먼저 해야 할 일은 박 부장이 원하는 것이 무엇인지 정확히 파악해야 한다. 박 부장은 해바라기형 상사일 가능성이 높다. 그렇다면 그가 바라보는 해가 무엇인지 알아내라. 그 방향으로 업무의 맥을 잡아라. 그 후에 할 일은 나의 능력이 가치가 있다는 사실을 깨닫도록 상기시키는 일이다. "제가 지난번에 말씀드린 바와 같이……" 혹은 "지난번 제 보고서에 썼던 자료를 기억하시다시피……" 하는 식으로 나의 가치를 상기시켜라. 물론 그것은 박 부장이 절실하게 원하는 것이어야 한다. 그러면 그가 내 의견에 '경청'과 '공감'을 할 가능성이 높아진다.

• 항상 정에 기대려는 후배

공장경제, 유교문화 습관은 선배에게만 있는 것은 아니다. 때로 후배들 가운데서도 업무를 중심으로 대화하기보다는 친밀감이나 정에 의해 인간관계를 맺으려는 친구들이 있다. 이 문제는 나의 업무생산성을 떨어뜨린다. 내가 존경받고 있다는 착각, 내 의견이 항상 옳다는 착각을 하면 그런 위험이 온다. 이러한 후배와 인간관계를 맺을 때는 '협상'에 대해 깊이 생각해야 한다. 업무 의견과 개인 감정을 냉철하게 구분하라. 그리고 업무에만 초점을 맞춰 서로 할 일을 명백하게 의사소통해야 한다. 그것이 올바른 공감이다. 말로만 업무를 하지 말고, 업무리스트를 작성해서 항목 하나하나를 꼼꼼히 처리하는 대화를 '공식화'하라.

• 급한 성격의 고객사 김 과장

잘못된 갑을관계의 문화 때문에 비이성적 고객사를 대할 때면 괴롭다. 게다가 상대가 비상식적으로 급한 성격의 소유자라면 감정에 자주 상처를 입는다. 먼저 할 일은 김 과장이 언제 어떻게 마감기한을 재촉할지 예측하는 일이다. 이런 예측은 어렵지 않다. 업무를 하다보면 "내일쯤 김 과장이 전화해서 목소리 한번 높이겠군!" 하는 촉이 온다. 그 촉이 오면 '평정심'을 마음속에 만들기 시작한다. 미리 부정적 의사소통 상황을 상정하고 준비하는 과정이다. 김 과장의 마감기한을 맞추는 게 불가능하다면 현실을 받아들이고 내 감정을 조절하라. 안절부절못하다가 김 과장을 영원한 괴물로 만드는 것보다 백번 낫다. 부정적 의사소통은 빨리 잊고 더 가치 있는 업무를 찾아라.

• 우유부단한 옆 부서 정 대리

연관 부서와 협업할 때 상대가 의사결정을 못하면 피해가 온다. 이때 전반적인 협상력의 주제 아래에서 '정보전달'에 대해 생각해봐야 한다. 정 대리가 최종 의사결정자가 아니라면 정 대리의 상사가 무엇을 원하는지, 프로젝트의 목적이 무엇인지 자주 상기시켜라. 그가 해야 할 일에 대해서도 명백히 언급하고 가능하면 회의록을 남겨라. 상대가 우유부단할 때 생길 수 있는 위험은 내가 상대를 한없이 도와주다가 공멸하는 가능성이다. 그럴 가치가 없는 프로젝트라면 내 업무와 상대 업무를 명확히 구분해야 한다. 상대가 할 일이 무엇인지, 그 책임을 언제 얼마만큼 수행하지 못했는지를 기록으로 남기면 향후 위험 상황이 생겼을 때 나를 보호할 수 있다.

왜 총명한 직원을
바보로 만드나?

제8강

스마트 워킹

개인이 아무리 스마트해도
조직이 바보 같으면 스마트워킹은
절대 달성될 수 없다

한국기업에서 스마트워킹이
되지 않는 이유는
의사결정 과정에
투명성이 없기 때문이며
토론 자체가 없기 때문이고
책임과 권한이 불분명하기 때문이다
최종 의사결정자 한 명이
모든 결정을 내리는 이상한 문화 때문이다

가수 프랭크 시나트라Frank Sinatra는 노래도 잘 불렀지만 위트 있는 말도 여럿 남겼다.

"여자는 절대 한 남자를 바보로 만들지 않는다. 여자는 단지 그 남자 옆에 앉아서 그가 스스로 바보가 되는 모습을 보기만 한다."

여자라는 말을 직장(혹은 조직)으로 바꾸면 어떻게 될까?

"직장은 절대 한 직원을 바보로 만들지 않는다. 단지 그 직원 옆에 앉아서 그가 스스로 바보가 되는 모습을 보기만 한다."

왜 직장은 총명한 직원을 바보로 만드는 것일까?

7강에서 살펴 본 인간관계 기술은 우리가 좀 더 슬기롭게 일할 수 있는 도구가 되지만, 특정 목적을 가진 조직(회사의 경우는 수익)에서는 인간관계 기술만으로는 부족하다. 그것이 바탕이 되어 일터에서 효율적으로 일하는 기술이 필요하다.

10여 년 전, 나는 생산직과 영업지점, 본사팀까지 합하면 5천 명이 넘는 한국의 A 대기업에서 일했다. 마케팅 부서에서 일하면서 나는 프로모션 비용관리에 원칙과 프로세스가 제대로 개발되어 있지 않았기에 새로운 업무방식을 상사에게 제안했다. 마케팅 팀장 윤 부장은 내가 준비한 30쪽짜리 기획서 내용을 5분 정도 듣다가 발표를 중지시켰다.

시끄러워, 됐고, 시킨 일이나 잘해

"수고했어. 그냥 접어. 이거 쓸 일 없다."

"하지만 몇 주 전에 부장님께서 오케이 하셔서 준비한 내용인데요?"

"네가 해보겠다니까 놔둔 거지, 내가 먼저 시킨 건 아니잖아."

처음 기획서를 구상했을 때 내 머릿속에 제안 내용이 어느 정도 그려져 있었지만 윤 부장 역시 관심이 많았었다.

"제가 볼 땐 우리 회사를 위해 이 변화가 꼭 필요합니다. 부장님도 동의하셨잖습니까."

"시끄러워. 됐고, 내가 시킨 일이나 잘해."

내 기본 업무를 소화하면서 야근을 불사하고 한 달 가까이 매달려 자료 분석과 부서원 면담 등 시간과 노력을 투자해서 만든 기획안을 그렇게 매몰차게 거절하다니! 터무니없다는 생각뿐이었다. 그 후 윤 부장에게서 "시끄러워. 됐고"라는 말을 자주 들었다. 투명하고 효율적인 업무방식을 제안할 때마다 자동적으로 튀어나오는 소리였다. 부하직원과의 대화를 빨리 끊어버리는 그만의 비결이었다. 한번은 윤 부장에게 물었다.

"업무방식에 변화를 주자는 제 아이디어는 왜 항상 반려되나요? 부장님도 현재 방식에 많은 문제가 있다는 걸 알고 계시잖아요."

"한강의 기적은 조직 하향식문화 덕분에 가능했던 거야. 윗사람이 시키는 대로 빠릿빠릿하게 업무해야 속도전이 되지. 까라면 까."

"그럼 애초에 왜 제 아이디어에 동의하셨죠?"

"혹시 아니? 윗사람이 그걸 언제 갑자기 시킬지? 미리 준비해두는 거지."

결론적으로 윤 부장은 업무생산성을 향상시키려는 아이디어를 주도적으로 발현시키는 데는 관심이 전혀 없고, 그것들을 적금하듯 모아두어 상부에서 시킬 때만 써먹겠다는 심산이었다. 거기에는 종교적 신념과도 같은 강한 믿음이 있었다. 직장인이 자주적으로 생각하고 의사결정을 할 수 있는 권리는 상위층의 극소수에게만 허용된다는 믿음이었다.

스마트워킹은 혼자 하나

10여 년 전 이야기지만 한국회사에서 일하는 방식은 바뀐 게 별로 없다. 단지 바뀐 게 있다면 문제의식일 것이다. 비생산적 근무 방식이 잘못되었다는 인식이 최근 수면 위로 떠오르고 있다. 직장인 입장에서는 무한야근의 폐해도 문제고, 기업 입장에서는 창의성을 발현시키지 못하는 경쟁력도 문제이기에 스마트워킹Smart Working이 주목을 받고 있는 것이다.

이런 움직임의 연장선에서 삼성 역시 변화를 천명했다. 한국에서 조직의 경쟁력을 ― 아마도 ― 가장 잘 키워온 삼성은 '마하경영'의 화두를 던졌다. 제트기가 음속을 돌파하려면 설계도는 물론 엔진, 소재, 부품을 모두 바꿔야 하듯 기업 체질과 구조를 근본적으로 개선해야 한다는 뜻이란다. 관리의 삼성1.0, 전략의 삼성2.0에서 창의의 삼성 3.0으로 변화하자는 내용이다. 참 좋은 취지의 화두다. 기존의 제도나 관습에 머물러서는 한계를 돌파할 수 없단다. 삼성의 가장 강력한 경쟁자는 '지금까지의 성공방식'이란다. 지금까지의 성공방식을 모두 잊어야 하고 지금까지의 성과가 앞으로 성공을 보장해주지 않는다고 말한다. 이 변화를 위해 창의, 소통과 자율이 직원들에게 요구된단다. 토씨 하나 뺄 것 없이 구구절절 맞는 말이다.

그러나 마하경영 화두가 나온 지 몇 달도 지나지 않아 삼성전자는 샤오미 충격에 빠졌다. 창업한 지 3년밖에 안 된 샤오미에게 중국시장의 패권을 빼앗긴 것이다. 삼성은 2014년 2분기부터 실적이 악화되어 긴축경영에 들어갔고 향후 사업 전망도 불확실하다. 혁신적인 직접 판매방식, 사용자와의 교감이 살아있는 운영체제 등 혹자는 샤오미의 강점을 들여다보면 삼성보다 더 창의적이라고도 한다. 과연 이 상황에서 창의의 삼성이 가능할까? 나는 진심으로 삼성이 성공하길 기원하지만 쉽지만은 않을 것이다.

삼성의 미래가 어두운 이유는 관리의 삼성1.0과 전략의 삼성2.0을 뒷받침한 성공 비결이 바로 '통제'와 '중앙집중'이었기 때문이다. 산업경제 시절에 딱 맞아 떨어지는 기업 DNA가 하루아침에 자율과 창의, 고객과의 열린 대화로 바뀔 수 없다. 수십만 명의 임직원이 30년 넘는 시간 동안 통제라는 수동적 가치, 한강의 기적이라는 신념 아래서 일해왔는데 어느 날 갑자기 자율과 소통을 잘할 수 있겠는가. '마누라와 자식만 빼고 다 바꾸라'는 삼성1.0에서 2.0으로의 변화는 여전히 통제와 중앙집중이라는 가치에 의거했기에 가능했을지 모르지만 2.0에서 3.0으로의 변화는 성격이 근본적으로 다르다. 마치 어린아이에게 어느 날 갑자기 창의적이 되라고 다그치며 처벌한다 해서 아이가 갑자기 자율적이고 창의적인 어른으로 변할 수 없는 이치와 같다.

이런 식으로 경영자가 스마트워킹을 개인의 숙제로 내모는 게 문제다. 사장님은 말한다. 왜 쓸데없는 야근을 하느냐고. 제 시간에 업무를 스마트하고 집중력 있게 완결하고 정시에 퇴근하라고. 저녁이 있는 삶을 원한다면 스스로 생산성을 높이라고. 여가시간을 만들어 체력도 증진시키고 취미를 통해 창의력도 키우라고.

내 관점으로 경영자가 이러한 '파렴치한' 요구를 할 수 있는 까닭은 그에게 경영의 기본기가 없기 때문이다. 개인이 아무리 스마트해도 조직이 바보 같으면 스마트워킹은 절대 달성될 수 없다. 한국기업에서 스마트워킹이 되지 않는 이유는 의사결정 과정에 투명성이 없기 때문이며, 토론 자체가 없기 때문이고, 책임과 권한이 불분명하기 때문이다. 최종 의사결정자 한 명이 모든 결정을 내리는 이상한 문화 때문이다.

기안을 수십 번 만들어 제출해도 아무런 토론도 대화도 없이 반려만 되다가 갑작스레 떨어진 사장님의 지시 한마디에 몇 달 동안 공들여 온 프로젝트가 하루아침에 사라지는 경험을 수도 없이 했다. 야근을 하는 이유, 일에 집중하지 못하고 빈둥대는 이유는 임원이 정확한 방향을 제시하지 않기 때문이지 직원이 게을러서가 아니다. 토론이 없으니 '왜, 뭐가, 어디에서부터' 잘못되었는지 아무도 모른다. 그저 사장님의 머릿속에만 정답이 있다. 심지어 그 정답은 종종 우리가 최초에 제출한 기안에 있곤 한다. 그러면 직장인은 맥이 빠지고 의욕이 떨어진다. 함께 일하는 직원이 수동적이어서 불만인가? 그렇다면 처음부터 그랬다고 단정하기보다는 혹시 조직에 실력이 없는지 고민하라. 이러한 근본 문제를 바꾸지 않으면 스마트워킹은 요원하다.

그렇다면 진정한 스마트워킹은 어디에서부터 시작해야 할까?

생각하는 직장인을 길러온 GE의 역사

삼성이 경영모델로 삼아왔다는 GE의 사례를 보면 아직 따라가지 못한 결정적 장점이 있다. 수십 년에 걸쳐 GE는 임원과 관리자에게 생각하는 습관을 길러주었다는 점이다.

'청사진Blue Books'으로 불리는 1950~1970년대에 GE의 경영 방식은 책상 위에 펜을 올려놓는 방법까지 적시할 정도의 철저한 계획경영 및 원가관리 철학에 기반했다. 삼성 1.0의 통제와 같은 맥락이다. 과학경영 개념과 궤를 같이 하는 이 경영방식은 당시로서는 정답이었을지 모르지만 조직을 수직적인 관료문화로 만들었다. 20세기 최고의 경영자라 불리는 잭 웰치는 조직의 관료적 의사결정 방식을 없애고 싶었다. 그는 80년대 이후 20여 년 동안 유명한 '워크아웃Work-out' 프로그램을 GE에서 운영했다.

'워크아웃'은 40~100명에 이르는 임원 및 관리자가 한곳에 모여 특정 프로젝트를 놓고 토론을 벌이는 일종의 회의방식이다. 룰은 간단하다. 다양한 목소리를 내기 위해 여러 부서 출신이 섞여야 한다. 리더는 강압할 수 없다. 참석자 의견을 경청하지 않는 회의 주재자는 허용되지 않는다. 리더는 회의 결론을 반드시 예나 아니오 중 하나로 내려야 한다. 애매하게 여러 결론을 나열하는 것을 방지하기 위해서다. 의사결정을 미룰 수도 없다. 그 자리에서 해야 한다.

결정한 내용은 사후에 철저히 기록, 관리되지만 회의 자체를 위한 회의록은 없다. 회의록을 작성하다 보면 회의록 자체가 목적이 되는 관료주의를 피하기 위해서다. 심지어 회의 참석자 수도 기록하면 안 된다. 20여 년 동안 족히 수십만 명이 참석했을 워크아웃 참석자 수가 기록된 공식적 기록은 한 건도 없다. 웰치가 경영하던 시기의 임원들은 어떤 복잡한 의사결정 사항이 생기면 늘 이렇게 이야기했다. "워크아웃 합시다!" 그들에게 워크아웃은 '일하는 방식이자 계산기와 같은 유용한 도구'였다.

워크아웃이 가져온 변화의 핵심은, 임원과 관리자를 생각하는 인간으로 만들었다는 점이다. 통제의 DNA를 자율과 소통으로 바꾸는 데 성공했다는 얘기다. GE의 노력은 그 후로도 계속되고 있다. 현 CEO 제프리 이멜트Jeffrey Immelt가 추진하는 '패스트워크Fast Work' 역시 그 연장선이다.

장기간의 연구개발이 필요한 GE의 제품 특성 때문에 속도전이 큰 도전이었던 상황에서 소규모의 스타트업 기업에게 최근 각광받는 '린Lean(군살없고 신속한)' 프로세스를 도입하려 하고 있다. 『린 스타트업Lean Start Up』의 저자 에릭 리스Eric Ries가 관여하는 이 프로그램에서 GE는 2013년 기준으로 1,000명의 임원을 교육했고 100개 정도의 프로젝트가 출범했으며 80명가량의 사내 강사진을 만들었다. 향후 5,000명의 임원에게 교육을 할 계획도 밝혔다.

사실 린 스타트업 방법론이 새로운 것은 아니다. 린 스타트업은 불필요한 장시간의 기획, 제품개발, 사업계획의 시간을 제거하는 데 초점이 있다. 완벽하게 만든 사업 아이디어나 제품을 만드는 데 시간을 낭비하지 말고 최소한의 생존 가능성이 있는 제품을 중심으로 지속적으로 출시하면서 실시간으로 소비자 테스트를 통해 고객이 원하는 완벽한 제품을 빠른 시간 안에 구현하자는 내용이다. 린 스타트업 일부는 이미 삼성에서도 교육을 한 것으로 알려져 있다.

GE가 패스트워크를 도입했다는 뉴스의 핵심은 GE만의 '생각하는 힘'에 대한 집착증적 문화다. 교육프로그램 이름까지 잭 웰치의 '워크아웃'과 비슷하지 않은가. 패스트워크의 핵심은 임원들이 생각하고 협업할 수 있는 능력을 키우는 데 있지 유명한 책을 사용했다는 것 자체는 중요하지 않다.

스마트워킹이 허황된 슬로건이 되지 않으려면 직장인, 특히 임원과 관리자가 스스로 생각하고 토론하고 의사결정을 내릴 수 있는 환경이 먼저다. 그것이 풀리지 않고서는 개인 혼자 달성할 수 있는 스마트워킹은 없다.

그 환경이 만들어졌다면 다음으로 풀어야 할 숙제는 프로세스다.

회의의 달인 린다 이야기

중국에서 근무할 때 동료였던 린다는 회의의 달인이었다. 재무부 임원이었던 그녀가 주관하는 회의는 늘 효율적이고 명확했다. 쓸데없는 회의가 없었다. 왜 회의를 하는지 상대에게 미리 알려주고 일정을 잡았다. 누가 무엇을 언제까지 해야 하는지 결론이 깔끔했다. 회의 중에도 대화가 샛길로 빠져나갈 기미가 보이면 그녀는 금세 다시 주 맥락으로 사람들을 유도했다. 그녀가 부임한 후, 그녀 부서의 직원 사기가 당연히 높아졌다. 회의가 효율적이니 야근도 줄었고 업무 집중도가 높아졌다. 그런 린다의 능력이 부러워 한번은 내가 물었다.

"당신은 회의를 참 잘 관리해요. 비결이 뭔가요?"

"회의를 잘하려고 늘 신경을 쓰는 건 사실이에요. 회의 중이나 전후에도 회의를 잘 관리하는지 늘 인지하려 노력하죠. 하지만……."

린다는 입을 찡긋거리는 표정을 몇 초 동안 지었다. 그리고 다시 입을 열었다.

"그런 테크닉보다 더 중요하게 여기는 건 의사결정이에요."

"무슨 뜻이죠?"

"회의할 때마다 난 스스로 항상 물어요. '오늘은 무슨 결정을 내릴 것인가'라고요. 만일 결론을 내기로 한 사안이 결론이 안 나면 그 회의는 무용지물이죠. 놀랍게도 우린 그 사실을 잊을 때가 많아요. 그렇게 생각하면 회의의 중심을 유지할 수 있죠."

"하지만 당신은 강압적으로 의사결정을 끌어내는 스타일은 아닌 것 같은데요."

"맞아요. 내가 의사결정이라고 했을 때는 내 소관만 말한 건 아니죠. 상대가 의사결정을 못하고 있다면 그건 회의 참석자 전체에게 폐가 되죠. 그게 내가 '그들이 해야 하는 의사결정이 무엇인지' 항상 환기시키는 이유에요."

린다는 자신과 상대가 어떤 의사결정을 내려야 하는지, 그리고 각 결정사항의 상관관계를 잘 이해하고 있었다. 회의 전에도 의사결정 사항을 일목요연하게 정리하고, 회의 중에도 상대에게 그 리스트에 의거해서 결정을 내릴 것을 요구했다. 부하직원이건 상사건 똑같았다. 회의시간을 잘 엄수한다거나, 회의록을 잘 정리한다거나 등의 기술적 측면보다 본질적 접근이 비결이었다.

스마트워킹은 어렵지 않다. 협업을 잘하면 거창하게 새로운 업무 방식을 도입하지 않아도 업무 효율성은 저절로 올라간다. 협업의 핵심에는 명확한 의사결정의 권한과 책임이 있다. 많은 한국기업의 문제가 여기에서부터 시작된다. 누가 어떤 책임과 권한이 있는지 불분명하다. 예를 들어 한국기업에는 직무기술서와 인사고과 프로세스가 불분명하다. 직무기술서를 보면 업무의 예산범위나 보고라인이 애매할 경우가 많다. 그러면 누가 어떤 규모의 사업에 대해 책임지는지가 불분명해진다. 회의를 해도 누가 의사결정을 내려야 하는지 서로가 모른다.

또 인사고과와 관련해 개인별 연간목표의 구체성, 실현 가능성, 부서 연관성이 부족하다. 표준이 없으니 특정 의사결정을 누가 어떤 권한과 책임을 가지고 해야 하는지 애매해진다. 중역이나 말단 사원이나 직무기술서가 똑같은 경우도 많다. 회의에 중역이나 말단 사원 2명 다 들어가도 되고 아무나 들어가도 된다는 말이 된다. 이런 회의에서 생산적 결과가 나오면 이상할 수밖에 없다.

욕조의 비밀

결국 스마트워킹은 '깨어있는 개인'이 '명확한 책임과 권한'을 가지고 일하는 데서 출발한다. 그 수많은 협업들이 바로 스마트워킹이다. 그런데 여기에 더 중요한 사실이 있다. 깨어있는 개인들이 협업을 하면 경험이 쌓여 기업과 개인의 경쟁력이 된다는 점이다. 스마트워킹의 중요성이 바로 여기에 있다. 단순히 업무를 시간 내에 처리하고 일찍 퇴근하는 게 스마트워킹이 아니다. 경영사관학교로 불리는 GE, 마케팅사관학교로 불리는 P&G 출신이 괜히 몸값을 더 받는 게 아니다. 그들이 경험한 협업의 깊이가 그들을 성장시키고 실력을 만든다. 자주적 의견개진과 토론, 빠르고 정확한 의사결정을 내리는 회사에서 일한 경험이 경쟁력이 되고 높은 연봉으로 연결되는 것이다.

기업의 경쟁우위론 중에서 '욕조 비유' 이론이 있다. 한 욕조가 있다고 치자. 물이 나오는 수도꼭지가 있고, 물이 담기는 욕조가 있고, 물이 빠져나가는 배수구가 있다. 욕조이론은 기업의 경쟁력이 그 욕조 안에 채워진 물과도 같다는 의미에서 나온 표현이다. 욕조에서 빠져나가는 물, 즉 경쟁력은 시장에서 경쟁하기 위해 계속 써야만 한다. 그래서 물이 배수구로 빠져나가는 동시에 물을 계속 채워주지 않으면 기업 경쟁력이 줄어든다.

그 물은 특허나 연구개발이기도 하지만 전반적 경영노하우, 즉 직원이 창의적이고 효율적으로 협업하는 힘을 뜻한다. GE의 워크아웃과 패스트워크가 좋은 예다. 그 물은 시장에서의 경쟁을 위해 계속 사용(배출)되기에 그만큼 계속 채워주어야 하고, 유입과 배출의 균형이 경쟁력을 결정한다. 수도꼭지가 스마트워킹과 관련해서 하는 일은 직원들이 자주적으로 생각하는 능력을 키워주고, 그 스마트한 개인이 효율적으로 의사결정을 내리는 프로세스를 지속적으로 만드는 것이다. 안타깝게도 삼성은 욕조 안의 물이 점점 줄어들고 있는 것 같다. 지금까지는 속도의 전쟁이었던 반도체 사업의 DNA로 성공적 경쟁을 해왔다. 하지만 앞으로 경쟁력이라는 물을 욕조에 끊임없이 채워야 하는 어려운 상황에서 창의성과 생각하는 힘을 책임질 삼성의 수도꼭지는 수압이 너무 약하다. 비단 삼성만의 문제는 아니다.

함께 똑똑해지자

개인 차원으로 돌아와서 생각해보면, 허용되는 환경 안에서 수도꼭지의 수압을 높여야 한다. 혼자서 한다고 되는 것은 아니다. 남들과 함께 똑똑해져야 한다. 개인이 중요하다는 말을 강조했지만 직장인은 협업 기술 없이는 아무리 똑똑한 개인이어도 몸값이 올라가지 않는다. 아쉽게도 한국기업 중에는 스마트워킹이 가능한 환경과 교육을 제공하는 회사는 많지 않다. 그렇다고 주저앉아 버리면 안 된다.

경영은 경력 30년의 장년들만 하는 게 아니다. 나이와는 아무 상관없다. 1년을 일했든 30년을 일했든 스마트하게 협업하는 기본기가 없으면 경영이 아니며, 기업 경쟁력도 아니다. 부서 간 협업이 경영이고, 창의성을 인정하는 게 경영이고, 생산적 업무 프로세스가 경영이다. 함께 하는 것이다. 하지만 대부분의 기성세대는 이러한 혁신경제에 필요한 경영 능력이 떨어진다. 회사에 기대하지 마라. 기다리기만 하면 어느 날 정신을 차려보니 자신이 예전에 그토록 혐오하던 전형적 '꼰대' 윤 부장이 되지 말란 법이 없다.

당신이 작게나마 향상시키는 생산성이 경영의 핵심이자 출발이다. 작은 것부터 하나씩 실천하라. 선배에게서 배우지 못했더라도 지금부터 실천하면 관리자가 되었을 때 당신의 부서와 회사가 경쟁력을 가질 수 있다. 그러지 않으면 어느 회사에 몸담고 있든 세계적인 경쟁에서 살아남을 수 없다. 연봉이 올라간다는 보장도 없다. 동료들과 함께 욕조를 채워라. 수도꼭지의 물줄기가 멈추지 않게 하라.

우리 모두를 합친 것보다
더 현명한 사람은 없다

– 켄 블랜차드

실전 특강

1. 일을 구조화하는 법

기획의 프레임워크 OGSM(Objective, Goal, Strategy, Measurement)

- 회사의 연간예산과 같은 큰 기획에도, 작은 프로젝트 기획에도 잘 적용되는 틀이다. 목적(O)을 정하고, 그에 따른 구체적 목표(G)를 상정하고, 그 목표를 달성하기 위한 전략(S)을 정하고, 전략이 성공적인가를 측정(M)하는 방식이다. 이 틀에서 흔히 혼동하는 것이 목적과 목표다. 목적은 해당 기획이 성공적으로 끝났을 때의 최종결과물을 뜻한다. 프로젝트 당 하나의 목적을 만든다.

  직장여성을 위한 떠먹는 요구르트 신제품 '요구세상'을 출시한다고 가정하자. 출시 목적은 "출근시간대 직장여성의 아침 대용식사 시장에서 리더가 된다."일 수 있다. 이 목적에 상응하는 목표는 2~3가지가 있을 수 있다. 시장점유율 30%, 매출 500억 원, 영업이익 15%, 브랜드 충성도 1위 등이다. 전략과 측정은 편의점 입점 초기 6개월 내 80% 달성, 6개 대도시 사무실 군집지역에서 2만 명 직장여성 대상 샘플링, 직장여성이 중시하는 건강정보를 디지털과 매장을 통한 전달률 80% 등이 될 수 있다.
- 이 틀을 지속적으로 동료와 함께 사용하면 의사소통이 단순하면서도 핵심을 잃지 않는다. 기획 방법은 수천 가지이지만 경영전략을 하는 사람이 컨설팅 용역을 팔기 위해 일부러 복잡성을 높이는 경우가 많다. 비즈니스는 논문을 잘 쓰는 게 아니다. 단순하고 통찰력 있는 생각을 통해 의사결정을 잘 내리는 게 핵심이다. OGSM은 그걸 도와준다.

목적(Objective)
출근 시간대 직장 여성들의 아침 대용식사 시장에서 리더가 된다

목표(Goals)			
시장점유율 30%	매출 500억 원	영업이익 15%	브랜드 충성도 1위

전략(Stategy)	측정(Measurement)
▶ 편의점 입점 ▶ 직장여성 대상 샘플링 ▶ 직장 여성들이 중시하는 건강정보 전달	▶ 초기 6개월 내 80% 달성 ▶ 6개 대도시 사무실 군집지역 2만명 직장 여성 ▶ 직장 여성들이 주로 보는 디지털과 매체를 통한 전달률 80%

PERM의 계획(P), 평가(E)에서 그대로 사용

실행의 프레임워크 PERM(Plan, Evaluate, Review, Modify)

- 기획안이 섰으면 다음은 실행이다. 실행에 들어와서는 약간 다른 프레임워크를 써야 한다. OGSM 가운데 특히 전략(S)은 막상 실행에 들어서면 그때그때 고쳐나가야 하기 때문이다.
- PERM에서의 계획(P)은 OGSM의 전략(S) 항목을 그대로 쓰면 된다. 평가(E)는 측정(M) 항목을 평가하는 것이다. 실행하면서 측정(M)치 대비 얼마나 달성했는지 혹은 달성을 못했는지를 평가한다. 리뷰(R)는 평가에 대한 분석과정이다. 왜 추가 달성을 했는지, 왜 달성을 하지 못했는지 이유를 알아내는 것이다. 마지막으로 수정(M)은 그 이유에 따라 전략(S)과 측정(M)을 수정하는 단계다.

계획(Plan)	평가(Evaluate)		리뷰(Review)	수정(Modify)
편의점 입점	초기 3개월 현재 50%달성	50%	_예상치 하회 _본사와 점주 간의 정보 공유 문제 있음	_목표치 유지 _본사의 허가 득 후, 점주 대상 설명회 개최(신규 항목)
직장여성 대상 샘플링	초기 3개월 현재 2개 대도시 2천명 달성	10%	_예상치와 현저한 차이 _ 날씨로 인한 대상 소비자와 접촉 어려움	_목표치 하향 조정: 1.5천명 _대형 몰 등 실내 장소로 내용 변경
건강정보 전달	초기 3개월 현재 도달률 80%	80%	_디지털 매체의 도달률 선전 중 _잡지 매체는 부진	_목표치 상향 조정: 도달률 90% _잡지 매체 예산의 디지털 매체 이관

협업의 프레임워크 RACI(Responsible, Accountable, Consult, Inform)

- 프로젝트를 할 때 누가 무엇을 하는지 정해놓는 틀이다. 누가 업무를 수행할 것인가(R), 결과에 대해 누가 책임을 질 것인가(A), 누가 의견을 낼 수 있는가(C), 누가 정보를 공유 받아야 하는가(I)에 대한 프로젝트 직무기술서와도 같다.
- 어떤 사람은 4가지 모두 해당되고, 어떤 사람은 1가지만 해당된다. 해당되는 사람이 모두 회의에 참석해야 하는 것은 아니다. 사람에 따라 프로젝트팀이 나중에 회의결과를 공유하기만 해도 된다. RACI 구분이 처음에 명확했다가도 프로젝트가 흐르면서 역할이 흐지부지해지기도 한다. 그럴 때면 적재적소의 시점에 RACI를 참석자에게 다시 환기시키고 회의 초점을 잃지 않게 해야 한다.

R.A.C.I. 프로젝트명: <요구세상> 출시 OGSM 0004-01		마케팅			생산			영업		
		김혁수 과장	장병우 부장	이미순 이사	이윤미 연구 선임	유경진 과장	기도영 공장장	정장용 차장	김나래 부장	채만석 상무
제품 개발	업무 수행자 Responsible	■			■					
	업무 책임자 Accountable		■			■				
	의견 개진자 Consult			■						■
	정보 피공유자 Inform			■						■
유통 (편의점 입점)	업무 수행자 Responsible							■		
	업무 책임자 Accountable								■	
	의견 개진자 Consult		■	■						■
	정보 피공유자 Inform					■	■			
출시 관리 (커뮤니케이션, 샘플링, 광고)	업무 수행자 Responsible	■								
	업무 책임자 Accountable		■							
	의견 개진자 Consult			■	■					■
	정보 피공유자 Inform					■	■	■	■	

회의의 프레임워크 PAT(Purpose, Agenda, Time)

- 회의의 목적(P), 주제(A), 시간할당(T)의 문서다. 회의 주재자라면 이 문서를 반드시 만들어라. 회의가 끝나고 아무도 읽지 않을 회의록보다 무엇을 결정할 것인가를 적시하는 이 문서가 더 중요하다. 주제 항목에 의사결정 사항을 분명하게 밝혀야 한다. 의사결정 항목도 RACI에 의거해 정확하게 누가 언제 무엇을 결정해야 하는지 적시하라. 이 문서가 회의 참석자들에게 공유되는 시점은 의사결정 사항의 경중에 따라 하루 전일 수도 있고 한 달 전일 수도 있다.
- 참석자일 때는 주재자에게 (부하직원이든 상사든) 똑같은 정보를 사전에 공유할 것을 요구해야 한다.

목적 (Purpose)	<요구세상> 제품 개발			
회의 사항 (Agenda)	항목	의사결정	RACI	시간 (Time)
	1. 성분, 테스트	최종안 결정	1. 이윤미 선임 **제안** 2. 장병우 부장, 유경진 과장 **결정** 3. 이미순 이사, 채만석 상무 **공유**	20분
	2. 상품명 및 포장	시안 3종 점검	1. 김혁수 과장 **제안** 2. 장병우 부장, 유경진 과장 **피드백** 3. 이미순 이사, 채만석 상무 **공유**	20분
	3. 생산 일정	잠정 계획 공유	1. 유경진 과장, 이윤미 선임 **제안** 2. 기도영 공장장 김혁수 과장, 장병우 부장, 정창용 차장, 김나래 부장, 채만석 상무 **공유**	10분

2. 업무 효율성을 높이는 기술

'아니오'라는 답의 힘

조직융화라는 미명 아래 '아니오'를 망설이는 것은 생산성 저해의 주범이다. '아니오'라는 대답을 자유롭게 할 수 있어야 하며 그런 분위기를 만들어야 한다. 이는 전략의 기본이라고도 할 수 있다. 전략은 선택 과정인데 무엇을 버릴 것인가에 대해서는 명확하게 말하지 않는 습관이 있다. 하지만 협업을 하면서 구성원이 하지 말아야 할 것에 쉽게 동의한다면 쓸데없는 일을 하지 않게 되고 그래서 시간이 관리된다.

인간관계의 초점

팀워크는 상대의 생각하는 방식, 표현하는 방식에 길들여져 있기 때문에 효율이 생기는 현상이다. 어느 인간관계에서나 상대의 생각의 흐름, 배경 정보, 표현하는 방식을 파악하고 있으면 대화가 빠르다. 조직에서 인간관계를 맺는다는 것은 이러한 효과를 내기 위해서다. 특정 업무가 없더라도 업무관계에 있는 조직의 여러 구성원과 주파수를 미리 맞춰두는 투자를 해야 한다. 놀고먹는 회식, 형이네 아우네 하는 인간관계가 아니라 관련 부서, 거래처 직원의 입장, 업무처리 방식 등을 평소에 미리 파악하라. 그것이 올바른 인간관계다.

업무, 어디까지 가봤니

'내가 최종 의사결정자라면'이라는 가정 아래서 일하는 습관을 길러라. 생각의 끝까지 가봐라. 피동적으로 내 권한 내에서만 업무를 하면 대화의 맥이 끊긴다. 자신의 업무나 특정 주제에 아주 깊숙이 생각을 끌고 내려가봐야 한다. 대화하기 전에 스스로 문답을 해보고 시나리오를 짜보고 계산기를 두드려야 한다. 상대에게도 그걸 요구하라. 그러면 의사결정이 빨라진다. 한국 조직에서 의사결정이 안 되는 이유 중 하나는 구성원들이 판단력을 '공유'하려 하기 때문이다. 그래서 업무의 깊은 곳까지 가지 않으려는 경향이 있다. '남들이 판단하겠지'라는 핑계를 댄다. 판단은 지극히 개인적 행위다. 단체는 '동의'를 할 뿐 판단을 공유할 수는 없다. 서로 다른 판단을 주고받으며 논쟁을 벌이면 되는 것이다. 내 판단에 대한 준비, 상대 판단에 대한 분석, 표현, 논쟁을 두려워하지 마라.

회장님이 대체 뭐길래

제9강

리더십 개발

리더십은 하늘에서 뚝 떨어진
외계인의 초인적 능력도
명함에 찍혀 있는 직급도 아닌
누구나 연습하고 개발할 수 있는
기술이라는 사실을 먼저 깨달아야 한다

혁신경제에서 리더십은
그 어느 때보다 중요하다
우리가 이 책에서 배운 모든 것들이
리더십 없이는 무용지물이기 때문이다

내게 신입사원 시절은 꽤 오래전 일이다. 하지만 그 시절의 경험은 강하게 남아있다. 20년 전쯤, 어느 더운 여름날 A 재벌그룹 본사 대회의실에서 막 나서고 있었다.

"오늘 잘 돼서 정말 다행이에요. 다들 수고했어요."

B 고객사 사장은 우리에게 고맙다고 말하면서도 진땀을 흘렸다.

"사장님도 수고 많으셨습니다."

우리는 얼결에 일동으로 답했다. 회장 앞에서 프레젠테이션이 제대로 되지 않았기에 나는 왜 그가 만족하는지 의아했다.

"회장님에게 보고할 때마다 난 너무 떨려."

환갑에 가까운 그는 손수건으로 얼굴의 땀을 닦아내며 안도의 한숨을 내쉬었다.

"그렇게 떨리셨어요?"

그가 긴장하는 모습은 몇 년 동안 한번도 본 적이 없었기에 궁금증이 들어 물었다.

"그럼. 아휴! 난 왜 이렇게 회장님이 무서운지 몰라."

고객사 사장으로서는 크게 혼나지 않고 회장 보고를 끝냈다는 사실 자체가 큰 안도였다. 하지만 나이 지긋한 그가 20년은 어린 회장 앞에서 쩔쩔매던 모습이 우습고도 이상하기만 했다.

회장님, 회장님, 우리들의 회장님

신제품 컨설팅을 해오던 B사는 A 재벌그룹의 계열사였고, 그날은 회장 보고가 있던 날이었다. 외부 용역업체였으나 나는 B사 사장의 보고를 지원하기 위해 회의에 참석했다. 그는 엘리트 학벌에 해외 근무 경력도 많았으며 카리스마 강한 다혈질로 유명했다. 우리가 맡은 프로젝트는 B사에게 워낙 중요한 신제품 개발이었던 까닭에 우리 팀은 B사 사장실에서 여러 차례 직접 보고를 했는데 사장은 우리 앞에서도 직원을 꾸짖고 혼내는 걸 주저치 않았다. 사장실에서 자주 만났던 그는 이사, 부장 할 것 없이 험한 말을 자주 쏟아냈고, 종종 꿀밤을 때렸다.

그런데 그날 회장 미팅에서 본 모습은 180도 달랐다. 에어컨이 강하게 틀어져 있었음에도 긴장을 너무 한 탓에 땀을 계속 닦아냈고, 눈빛은 초조했으며, 물을 계속 들이켰다. 보고하는 동안에도 당당함과 자신감은 전혀 찾아볼 수 없었다. 말도 계속 더듬어 예정시간을 30분이나 훌쩍 넘겼다. 다행히 회장은 엉망이었던 보고와 상관없이 신제품 계획을 승인했다.

그 상황은 내게 초현실적이었다. 회장님이 '대체 뭐길래' 평소에 그렇게 당당하던 경영자가 사시나무 떨듯 하는지 이해가 안 됐다. 더 이해가 되지 않았던 일은 그 회장은 임시 회장이었다는 점이다. 원래 회장이었던 창업자의 큰아들은 구속되어 그룹 경영을 할 수 없었고, 몇몇 계열사를 맡고 있던 동생이 당분간 회장 역할을 하던 상태였다. 임시 회장이 업종이 전혀 다른 B사의 사업을 잘 알지 못하는 건 당연했다. 그런데 보고를 한 사장에게는 그 전후 과정이 전혀 중요치 않았다. 그에게는 회장님이 '승인했다'라는 사실만이 중요했다. 임시 회장이 보고를 제대로 이해했는지, 신제품 계획의 강점과 약점에 대한 피드백이 있었는지, 그래서 계획이 더 탄탄해지고 프로젝트의 다음 단계에 어떤 의미가 생겼는지 등 상식적으로 진단해야 할 측면에 대해서는 전혀 개의치 않았다. 회장님이 도대체 뭐길래!

그 뒤로 20년 가까이 지난 2014년에 많은 재벌 총수들이 구속되었다. C, S, D 그룹 등 주로 배임이나 횡령 범죄였다. 해당 기업과 전경련에서는 경제위기를 극복하기 위해 회장들이 경영에 빨리 돌아와야 한다는 논리로 정부와 여론에 호소했다. 늘 그런 식이다. 한국경제의 재벌 의존도가 워낙 높다보니 그들의 목소리가 일종의 위협이 된다. 한 기사에 따르면 S 그룹의 최고경영자 30여 명이 워크숍을 했는데 수렴되는 의견은 '회장의 공백이 크다'는 것이었단다. 회장이 시작했던 굵직한 프로젝트의 진전이 없어서 그룹경영이 위기라는 것이다.

20년 동안 바뀐 게 없다. 특히 경영자라는 직업의 무의미함이 그렇다. 수조 원, 수천억 원 규모의 기업을 경영하는 최고경영자들이 "그룹에 회장님이 안 계시기 때문에 경영을 못하겠다."는 것이다. 실제 한국의 최고경영자들은 주로 매출실적을 올리는 영업사장의 역할에 제한되어 왔다. 국가주도 경제발전 시대에 경영은 크게 중요치 않았다. 정부가 주는 특혜를 활용하면서 외국과 국내에서 물건을 더 팔기만 하면 됐다. 기업 비전을 세우는 일, 지속가능한 수익을 창출하기 위한 혁신, 그 혁신을 가능하게 하기 위한 조직의 능력 배양 등은 숙제가 아니었다. 회장님이 숙제였다. 부족의 우두머리, 회장님은 그토록 중요했다.

아시아 2.0 시대가 던지는 숙제

삼성은 지난 20년 간 세계에서 가장 성공한 기업 중 하나로 꼽힌다. 이 사실에는 반론이 별로 없다. 성공의 가장 큰 동력 중 하나는 이건희 회장의 리더십이었다. 그가 "아내와 자식 빼고 모든 것을 바꾸라."고 20년 전에 말했을 때 그것은 다름 아닌 '위기경영'의 출발을 알리는 선언이었고, 20년 동안 위기경영은 그의 트레이드마크가 되었다. 게다가 한국의 가부장적 문화, 삼성이라는 한국 대표기업이라는 브랜드 파워까지 상승 작용하면서 직원들의 몰입도 역시 높았다. 바로 이 직원들의 집중력이 성공 비결이었다.

오랫동안 삼성에 몸담았던 윤종용 부회장의 회고를 보면 "죽자살자 일했더니 회사도 나도 성장했다."는 구절이 있다. 그만큼 목표를 향해 곁눈질 없이 돌진할 수 있었던 환경에는 이건희 회장의 리더십이 결정적이었을 것이다. 그런데 최근 삼성은 또 다른 위기에 맞닥뜨렸다. 계속되는 애플의 선전과 샤오미 등 중국 후발업체의 추격 때문에 휴대폰 실적의 부진을 겪고 있다. 하드웨어 기업의 DNA를 벗어나 소프트웨어 분야에 투자하려 하지만 그것도 쉽지 않다. 이미 한번 자체 소프트웨어 개발 시점을 놓친 경험도 있다. 게다가 미래에는 사물인터넷 분야로도 눈을 돌려야 할 텐데 과연 삼성이 또 한번 그 변신에 성공할 수 있을까?

아마도 쉽지 않을 것이다. 그 이유는 리더십의 독점에 있다. 삼성은 20년 동안 늘 위기였다. 공포였다. 1년 내내 비상경영이었다. 일이 될지 안 될지는 생각할 틈 없이 일단 회장님이 시키니까 한다. 살아남기 위해 죽자살자 한다. 반론을 할 여유도 없었다. 그런데 됐다. 큰 성공을 거두었다. 임직원들의 이 경험은 잠재의식 속에 '회장님의 지시를 기다리는 게 가장 확실하고 안전한 성공방정식'이라는 믿음을 심었다. 부회장, 사장, 부사장, 전무 이하 말단 직원들까지 그렇게 믿고 있을 것이다. 그러면서 조직의 각 계층에 있는 관리자는 자주적으로 생각하는 능력도, 여유롭게 창의적으로 영감을 떠올리는 능력도 키우지 못했을 것이다. 스마트워킹 기술도, 인간관계 기술도 필요 없다. 개인마다의 창의성과 글로벌 마인드를 발현시켜줘야 하는 시대에 가장 핵심이 되는 자율적 문화의 DNA가 삼성에겐 아예 탑재되어 있지 않다.

이런 식으로 흘러온 한국 경영계에서 리더십은 일종의 절대권력이다. 어떻게 회장이나 사장이 되었는지는 중요치 않고 일단 자리에 오르면 그 권력은 신성시되고 권한도 무제한이다. 조상신에 대한 믿음이 만든 가부장적 문화 때문이다. 두사부일체. 아버지와 선생님과 회장님은 불가침 영역이다. 특히 1인 신성화는 임원과 관리자들의 의식을 마비시켰다. 이런 상황에서 새로운 시대가 원하는 리더십이 탄생하기란 어렵다. 리더십의 기본조차 이해하지 못한다는 말이 맞다. 다만 위로가 될지, 더 큰 걱정이 될지는 모르겠지만 리더십의 숙제는 비단 한국만의 문제는 아니다.

2011년 글로벌 인재 컨설팅기업 콘페리는 〈아시아권 기업들의 성장동력: 리더십 변신〉이라는 짧은 백서를 출간했다. 그 백서에 따르면 1980년대 중반부터 2000년대 중반까지 아시아 경제는 전 세계의 소비를 위한 생산기지의 역할이었던 아시아 1.0 시기였다. 그러나 2000년대 중반 이후로는 세계경제의 혁신을 이끌고 아시아 소비자를 위한 제품을 자립적으로 창조해내는 아시아 2.0 시대가 되었다. 삼성에게 중국의 내수시장이 중요해진 것처럼 대다수 다국적기업에게도 아시아 내수시장은 가장 중요한 지역이 되었기 때문이다.

이러한 환경 변화는 아시아 2.0 시대에 필요한 인재 역시 변해야 한다는 명제를 던졌다. 아시아 1.0 시대의 인재가 싼 임금과 높은 생산성으로 대변된다면 2.0 시대에는 창조적이고 혁신적 역량이 필수라고 백서는 강조한다. 신시장 개척에 필요한 전략을 세우는 능력, 새로운 제품과 서비스를 글로벌 수준으로 창조해내는 혁신 능력, 글로벌 마인드로 다양한 국적과 문화를 이해하고 업무에 적용시키는 능력이 중요해진 것이다.

하지만 이 백서의 기초자료가 된, 아시아에서 사업을 하는 다국적기업의 설문조사 결과는 새로운 시대의 요구와 현실의 괴리를 지적한다. 설문에 참여한 사람들의 97%가 향후 인재 부족에 시달릴 것이라고 대답했다. 중국기업 중 오로지 1%, 인도기업 중 겨우 8%만이 아시아 2.0 시대에 필요한 인재를 보유하고 있는 것으로 나타났다.

논농사의 후예인 아시아인은 아시아 1.0 시대에 별 무리없이 성공했다. 하지만 2.0 시대가 던지는 숙제의 핵심에는 개인의 탄생이 있기에 어렵다. 상명하달, 집단적 우선주의를 버리지 못하면 아시아 2.0이 오는 시간은 상상보다 오래 걸릴 수 있다. 창의성과 혁신이 아시아인에게 발현되지 못하면 —그것이 누구의 잘못인가는 차치하고— 글로벌회사가 된 삼성 등의 아시아 기업이 핵심 부서를 미국이나 유럽으로 옮길 가능성도 있다. 삼성의 제품개발, 글로벌경영 등의 일자리가 영원히 한국인에게 독점되어야 하는 이유가 없다. 그럴 필요도 없다. 이러한 시나리오에서 아시아인은 2류 인재가 된다. 생각만 해도 끔찍하다.

그렇다면 어디서부터 시작해야 할까?

리더십은 유연한 것

10여 년 전, 내 상사였던 사이먼과 인사고과 면담을 했다. 그와의 인사고과 미팅이 처음인 까닭에 다소 걱정이 되었다. 그때 나는 경험이 없던 전략부서를 1년가량 맡고 있었는데 20대 후반~30대 초반의 컨설팅·증권사 출신으로 구성된 애널리스트 3명이 있었다. 전혀 새로운 업무에 경험이 미숙한 젊은 직원들로 구성된 팀을 1년 동안 이끄는 일은 쉽지 않았다. 특히 직원관리가 어려웠다. 사이먼은 내 리더십에 대해 조언했다.

"리더십 스타일을 바꾸도록 해요."

"제 리더십에 문제가 있다는 말씀인가요?"

걱정이 앞선 나는 방어적인 대답으로 응수했다. 그때 표면적인 내 상황이 썩 좋지만은 않았다. 직원 3명 중 1명이 사직서를 냈고, 1명은 부서이동을 요구하고 있었다. 그러나 1명은 눈에 띄게 실적이 좋아졌다. 2/3가 실패라고 볼 수도 있었지만 내막을 들여다보면 꼭 그렇지만도 않았다. 나는 공정한 인사고과를 원했기에 리더십에 문제가 있다는 언급을 인정할 수 없었다.

"만일 2명의 문제에 대해 질책하는 것이라면 동의하지 않아요."

1년 간 내 팀에서 일어난 일은 이랬다. 팀원 모두 재무분석, 보고서 요약 등 지적 능력은 좋았다. 하지만 일의 품질과는 거리가 있었다. 부서 특성 때문에 맞춤형 분석과 기획을 해야 하는데 그 일이 순조롭지 못했다. 보고서 완결성도 떨어졌고, 새롭게 만들어야 하는 임원정보시스템은 데이터베이스 디자인조차 손을 못 대고 있었다. 비정기적으로 해야 하는 분석, 예를 들어 경쟁사 재무분석, 신제품 재무분석 등에 깊이가 없었다. 팀원들의 업무역량을 끌어올려야 했다. 나는 해결 방법을 고민했다. 팀원들을 강압하기보다는 코칭을 시작했다.

보고서에 오류가 있으면 내 옆에 앉히고는 수정 사항을 일일이 보여줬다. 정보시스템팀과 하는 데이터베이스 디자인의 모든 미팅에 함께 들어갔다. 데이터베이스 기초를 모르면 따로 과외도 하고 설명도 했다. 재무분석 보고서를 작성할 때는 방향을 잡아준 후 한두 부분은 내가 직접 작성해서 공유를 했다. 영업이나 생산 쪽을 모르면 해당 팀과 미팅을 주선해주었다.

3달 정도가 지나자 개인별로 차이가 나기 시작했다. 1명의 애널리스트는 금세 따라붙었다. 정형화되지 않은 업무를 좋아했다. 다른 2명은 따라오질 못했다. 구체적으로 출력량이 정해지지 않고 변화무쌍하게 대응하는 것을 어려워했다. 그러던 어느 날 2명 중 1명이 퇴직하겠다고 통보했다. 이유는 업무가 어렵다는 것이었다. 솔직히 서운했다. 내가 강압적인 보스도 아니고 본인 능력이 안 되는 것도 아닌데 왜 그렇게 쉽게 포기하는지 이해가 안 갔다. 남은 2명에게 코칭을 계속해 나갔다. 1명은 생산성이 눈에 띄게 좋아졌으나 6개월이 지나자 다른 1명이 부서이동을 원했다. 같은 이유였다. 업무가 어렵고 맞지 않다는 것이었다. 3명 중에서 2명이 '떨어져나간' 상황이 내 책임이라고는 생각하지 않았다.

"어떤 잘못을 했다고 질책하는 게 전혀 아니에요. 오히려 반대로 생각해요."

사이먼이 정색을 하며 말했다.

"무슨 말씀이죠?"

"전략팀은 특이한 부서입니다. 업무가 늘 바뀌고 정형화되어 있지 않지요. 그래서 직원 역량을 개발하는 것은 늘 어려워요. 1년 동안 직원을 잘 개발시켜 온 것은 의심의 여지가 없어요."

"그럼, 제 스타일을 바꿔야 한다는 말은 무슨 뜻인가요?"

"페이스세터Pacesetter 스타일을 바꿔야 한다고 생각해요."

사이먼은 구체적인 설명을 시작했다. 그때까지도 나는 나의 리더십 스타일에 대해 깊게 생각해 본 적이 없었다. 이른바 모범형이라 불리는 페이스세터라는 리더십 유형이 있는지도 몰랐었다.

"페이스세터는 운동선수와 함께 레이스를 하는 셈이죠. 같이 뛰면서 이끌어주고 사기를 북돋아줘요."

나는 고개를 끄덕였다. 그런데 뭐가 잘못됐다는 건가?

"페이스세터하고 가장 근접한 스타일이 코치형일텐데, 그 두 가지의 차이가 뭐겠어요? 코치는 코칭만 하지 레이스나 게임을 함께 뛰지는 않아요. 그런데 박 팀장은 지금 선수들과 너무 가까이에서 게임을 뛰고 있는 셈이에요. 그럼 선수들이 어떻게 느낄까요? 자신감이나 자립심이 떨어지지 않겠어요?"

머릿속에 띵! 하는 느낌이 왔다.

"페이스세터 성향만 너무 강해지면 직원들이 숨이 막혀요. 마라톤에서 페이스메이커가 끝까지 뛰는 것 봤나요? 그는 항상 중간에 빠지지요. 이젠 박 팀장도 빠져야 하지 않을까요? 그것이 불안할 것입니다. 갑자기 직접 도와주지 않으면 직원들이 허둥댈까봐 걱정되겠지요. 하지만 분명한 건 방법을 찾아야 한다는 것입니다. 코치와 선수의 관계로. 직접적 도움을 멈추고 간접적 도움을 주는 방법을 찾아야 해요. 그래야 직원들도 스스로 일의 의미도 찾고 성장하지 않을까요?"

나는 그제야 사이먼의 피드백을 이해할 수 있었다. 그동안 막연히 '좋은 팀장', '도움을 주는 팀장'이라는 일종의 사명감에 사로잡혀 있었다. 그게 나쁘다고만은 할 수 없지만 오랫동안 지속할 관계는 아니었다. 직원 스스로 자립해서 업무의 의미를 찾게끔 간접적 도움을 주었다면 2명의 탈락자가 생기지 않았을지도 모르는 일이었다.

나는 어떤 리더가 될까?

리더십을 배우기 위해 먼저 이해할 점은 2가지 개념이다. 첫째, 상황에 따라 리더를 중심으로 한 리더십을 선택할 것인지, 팔로워를 중심으로 할 것인가의 문제다. 둘째, 리더십을 업무 위주로 펼쳐나갈지, 사람 위주로 펼쳐 나갈지의 문제다. 4가지 관점 중에서 정답은 없다. 상황과 필요에 의해 결정하면 된다.

이 관점으로 당신이 처한 환경에서 리더의 스타일을 평가해보라. 만일 회사가 보수적 유교 정서가 강하다면 '리더와 업무 중심'이 주요 스타일(빗금친 원)이다. 그 스타일 자체가 나쁘다고 할 수는 없다. 구성원, 즉 팔로워의 업무역량이 떨어지고 목표 달성이 힘든 상황이면 소수의 리더를 중심으로 업무 집중도를 올리는 게 효과적이다. 이 유형의 정반대에 '팔로워와 사람 중심'의 리더십 스타일(채워진 원)이 있다.

리더 한 명의 의지로 조직이 운영되는 게 아니라 여러 명의 목소리를 듣는다. 운영 방식은 업무, 즉 실적목표가 아니라 개인의 자율성 중심으로 돌아간다. 이 유형 역시 상황에 따라 효과적일 수도, 아닐 수도 있다. 개인 역량이 좋고, 회사 시스템과 스마트워킹이 자리를 단단히 잡았으며, 업무 성격상 집단보다 개인 공헌이 중요하다면 이 유형은 효과적이다. 하지만 직원들이 방향을 모르고, 업무는 단순하고, 협업 경험이 없는 조직이라면 이 스타일은 일대 혼란을 가져온다.

이 모델을 6대 리더십 메타 유형과 결합시켜보자. 다니엘 골먼의 〈결과를 내는 리더십〉에 소개된 개념으로 기업 리더십의 유형을 설명할 때 자주 사용된다. 6대 유형은 권위형, 강압형, 민주형, 친근형, 코치형, 모범형이다.

- **권위형**: 조직을 앞장서 이끌고 가는 스타일로 일종의 장군형이다. 방향 정립이 안 되어 있을 때 효과적이며, 리더의 자신감이 큰 장점이다. 그러나 팔로워의 역량이나 지식이 리더보다 뛰어나면 비효과적이다.
- **강압형**: 리더의 명령을 강요하는 유형이다. 대부분 팔로워의 동기부여를 떨어뜨리고 조직의 유연한 사고를 막는다. 하지만 조직이 위기에 처했거나 팔로워의 역량이 심각히 떨어질 경우에 효과적일 수 있다.
- **민주형**: 의사결정 과정에서 팔로워의 발언권이 보장되는 스타일이다. 새로운 아이디어를 만들어내고, 팔로워의 책임감과 조

직 유연성을 이끌어낼 수 있다. 단점은 팔로워가 길을 잃기 쉽다는 점이다. 이 성향이 지나치면 리더의 존재 자체가 희미해질 수 있다.

- **친근형**: 사람을 우선시하는 성향이다. 조직의 융화를 만들고 사기를 진작시키지만 팔로워를 지나치게 긍정만 해주다보면 문제점이 고쳐지지 않을 수 있다.
- **모범형**: 팔로워의 동기부여도가 높고 강한 역량을 가졌을 때 매우 효과적이다. 리더의 기준이 높고 솔선수범하기 때문이다. 그러나 팔로워가 지칠 수 있고 자신의 업무를 빼앗긴다고 느낄 수 있다.
- **코치형**: 업무 자체보다 팔로워 개인의 계발에 더 중점을 두어 팔로워와 의사소통하는 유형이다. 직원들이 자신의 장단점을 잘 알고 변화하려는 의지가 있으면 매우 효과적이지만 변화 의지가 없으면 효과가 떨어진다.

당신은 어느 지점에 있는가? 이 개념틀 안에서 누구나 자신의 자연발생적 리더십 스타일을 찾을 수 있다. 그것은 기질, 살아온 배경, 경험 상황에 따라 형성된다. 중요한 점은, 과연 현재 스타일이 처한 상황에 효과적인가 하는 점이다. 예를 들어, 친근형(혹은 민주형) 리더십은 혁신경제에서 환영받지만 항상 창의성이 발현되는 것은 아니다. 경쟁에서 이기는 데 효과적이지 않을 수도 있다. 서구의 혁신경제 기업 중에서도 독재자 스타일로 유명한 경영자가 많다. 상황에 따라 효과적인 리더십 스타일은 다르다.

애플의 스티브 잡스, 아마존의 제프 베조스 등 가장 성공적이었다는 글로벌기업의 리더는 공감 능력이나 사회성 기술이 뛰어나지 않아 보인다. 두 경영자는 직원들의 아이디어나 의견을 무시하고 자신만의 생각을 저돌적으로 고집하는 것으로 유명하다. 두 사람의 개인적 성향만이 그런 게 아니다. 존재 자체만으로도 회사 분위기와 문화를 규정했다. 애플은 신비주의 문화다. 정보의 기밀성을 집착증 수준으로 엄격히 관리한 잡스의 영향으로 애플의 문화는 응집력이 없고 파편적이다. 아마존의 임원은 제프봇Jeff-bot, 즉 제프 베조스의 복사본이 되어야만 인정받는다는 우스개까지 있다. 새로운 아이디어에 대한 압박이 크고, 아이디어는 공격적이어야만 인정받는다. 이러한 문화에서 리더의 사회성 기술이 뛰어나 보이지는 않는다. 그러나 두 기업의 실적은 세상을 놀라게 한다.

그렇다면 과연 리더의 사회성 기술이 기업 실적과 관계가 있을까? 혁신경제의 아이콘인 두 회사에서도 공장경제식의 통제 경영이 여전히 효과적으로 작동하는 걸까? 둘의 스타일은 강압형과 권위형 사이의 어디쯤일 것이다. 리더십 발현이 전적으로 한 사람의 리더 중심으로 이루어진다. 강압형이 효과적인 경우는 경영환경이 위기에 처했을 때다. 애플과 아마존이 처한 상황을 보자. 두 기업은 평균적 기업이 아니다. 혁신경제의 최첨단을 걷고 있는 경영환경은 매일이 위기인 셈이다. 가장 치열한 시장이라는 환경 때문에 강압적 리더십이 잘 작동된다.

두 사람의 리더십이 권위형이라고 치자. '나를 따르라'는 권위형은 리더의 능력과 지식이 팔로워를 능가하면 효과적이다. 잡스도 베조스도 그런 면에서 임직원들을 압도한 것으로 유명하다. 그러나 리더가 압도적인 지식과 능력없이 권위만으로 강압형 스타일을 고수한다면 조직으로부터 공감을 얻기 힘들다.

리더십 유형은 유연하다. 목적과 상황에 부합하는 리더십 기술을 적재적소에 사용할 수 있는 게 핵심이다. 하지만 이 유형들을 마스터하기란 쉽지 않다. 인간관계 기술, 리더십 기술을 어려서부터 훈련받지 않았기 때문에 타고난 개성대로 사람을 대한다. 그래서 유연한 리더십을 터득하는 것은 오랜 시간이 걸린다. 리더십이 실용적 인생 기술임에는 틀림없지만 터득하기 쉬운 초급기술은 아니다. 연습과 복습, 실천만이 방법이다. 리더십 상황을 자주 분석하고 개선점을 찾는 습관을 길러야 한다.

리더십은 카리스마도 정情도 아니다

리더십에 대한 2가지 큰 오해가 있다. 리더는 카리스마가 있어야 한다는 착각이 첫 번째다. 카리스마가 리더십의 전부라고 오해하는 이유는 산업사회의 통제와 효율의 가치를 오랫동안 믿어왔기 때문이다. 여기에는 직원을 수동적 존재라고 생각하는 가정이 있다. 직원이 스스로 생각하는 '인간'이라기보다 상명하달의 '부속품'이라는 전제가 있다. 카리스마가 있다 해서 손해 볼 것은 없지만 도가 지나쳐 군사문화와 결합되기라도 하면 곧 '힘희롱'이 되기 쉽다.

두 번째는, 리더십이 직원을 배려하는 정情이라는 착각이다. 타인과 공감하는 일반적 능력을 말하는 게 아니라 아랫사람에 대한 조건 없는 배려를 말한다. 선배니까, 상사니까 도와주어야 한다는 도덕적 의무감이다. 이 착각의 폐해는 누가 어떤 책임과 권한으로 업무를 하고, 무엇이 잘되고 무엇이 잘못되어 생산성이 달라지는지를 생각지 못하게 한다는 점이다. 겉으로는, 카리스마와 반대로 따뜻한 마음을 강조하는 것 같지만 문제의 뿌리는 같다. 윗사람은 무조건 옳고 권한과 책임을 무한히 가진다는 유교 문화다. 이 관계에서는 냉철한 토론이나 의사결정이 안 되며, 스마트워킹도 안 된다. 개인이 어떤 역량을 더 개발해야 하는지 진단도, 향상도 없기에 리더도, 직원도, 조직도 성장이 없다.

리더십은 카리스마도 아니며 정도 아니다. 리더십은 기술이다. 자동차 운전을 배우듯, 외국어를 배우듯 배우고 익히는 기술이다. 내가 갖고 있던 자연발생적 리더십인 페이스세터를 극복하고 코치형 리더십을 새로 배워야 하듯 필요에 따라 배우면 된다. 직급의 힘으로 직원에게 호통 치지만 정작 회장 앞에서는 말문이 막혀버리던 고객사 사장. 그의 리더십은 개발되지 않는다. 리더십을 잘못 이해하고 있기 때문이다. 리더십은 하늘에서 뚝 떨어진 외계인의 초인적 능력도, 명함에 찍혀 있는 직급도 아닌 누구나 연습하고 개발할 수 있는 기술이라는 사실을 먼저 깨달아야 한다.

혁신경제에서 리더십은 그 어느 때보다 중요하다. 우리가 이 책에서 배운 모든 것들이 리더십 없이는 무용지물이기 때문이다. 자식과 마누라만 빼고 모든 것을 바꿀 수 있다고 생각하는 이건희식 리더십으로는 창의성의 기본인 개인의 의미를 존중해 줄 수 없는 이치와 같다. 아무리 직원들이 깨어 있어도 리더 한 명이 유교미신에 붙들려 있으면 변화는 오지 않는다. 당신이 속한 조직에 훌륭한 리더가 있다고 상상해보라. 그 리더는 여러 가지 잘못된 환경을 바꿀 수 있다. 창의성을 후원하고, 직업 비전을 찾는 것을 도와주고, 스마트워킹 문화를 꽃피울 수 있다. 맹목적 충성이 아닌 개인 대 개인으로서의 의미 있는 인간관계에 근거한 협업을 할 수 있다. 글로벌 경쟁의 의미를 먼저 깨닫고 경쟁력을 키워나갈 수 있다. 그래서 리더십은 직장학교의 종합 개념이기도 하다. 새로운 시대에 닥쳐올 변화의 맥을 아는 사람만이 혁신경제에서 리더가 될 수 있다.

그렇다면 어떻게 해야 리더십이라는 기술을 배울 수 있는가? 책이나 강의로 현대 리더십 이론을 공부한다 해서 리더의 자격이 저절로 생기지 않는다. 개인별로 처한 리더십 상황과 과제, 개인별 수용도가 천차만별이기 때문에 기계적으로 배울 수 없다. 그래서 들인 시간만큼 비례해서 결과가 나오지도 않는다.

리더십을 키우는 핵심은 깨달음이다. 자기 확신을 갖지 못하면 머리로는 이해가 되어도 실천이 안 된다. 또한 리더십은 자기수양과도 같다. 리더에게 요구되는 자기수양은 사실 인류 역사에 늘 있어왔던 숙제였다. 깨달음과 자기수양, 이 2가지 직관적 프레임워크는 오랜 시간 스스로를 단련하는 데 유용하게 쓸 수 있는 개념이다.

답은 현장에 있다. 매일매일 평범하고 일상적인 직장생활 속에서 당신 주변에 펼쳐지는 상황을 관찰하라. 당신이 아직 리더가 아니라면 항상 스스로에게 질문을 던지는 습관을 길러라. '내가 리더라면 이 상황을 어떻게 해결할 것인가?', '내가 저 리더였다면 방금 저 결정을 내렸을 것인가?', 'A 상사는 무능하다는 평을 받는 데 비하여 B 상사는 왜 승승장구하는 것일까?' 등등……. 이미 당신이 리더라면 이렇게 질문을 던지라. '지금 내가 내린 결정을 부하들이 지지해줄까, 만약 반대한다면 이유는 무엇일까?', '지금 이 순간 나는 저 부하직원을 설득하기 위해 이성적으로 접근하는 것이 좋을까, 아니면 인간적으로 대하는 것이 나을까?' 등등……. 이렇듯 무수한 질문을 통해 얻게 되는 깨달음과 자기수양이 당신의 리더십을 개발하는 핵심 동력이 되어줄 것이다.

이런 생각을 가지고 출근한다면 당신의 직장생활은 지루하기는커녕 하루하루가 흥미진진한 일일드라마가 된다. 목적의식을 가지고 당신 내부에 잠자고 있는 작은 거인, 리더십을 매일매일 깨우고 기지개를 켜게 하라. 그러다보면 어느 날 문득 당신이 생각하던 멋진 리더에 근접해가는 자기 자신을 발견하게 될 것이다.

실전 특강

리더의 자격

리더십 유형도 중요하지만 어떤 사람이 좋은 리더라고 생각하는가? 리더의 자격은 무엇인가? 리더로서 필요한 핵심 역량은 무엇일까?

1. 지(智), 덕(德), 용(勇)

이 간단한 3가지 개념을 머리, 가슴, 육체의 상징으로 기억하라. 나와 주변 사람을 이 프레임워크로 평가하고 부족한 부분을 개발하라. 3가지 없이는 팔로워에게 긍정적 동기부여를 주기 어렵고, 몰입도를 끌어내기 어렵다.

- **智:** 존경받을 수 있는 폭넓은 지식과 지혜가 먼저 있어야 한다. 지는 사람의 머리와도 같은 역할이다. 정통 역량모델에서는 판단력, 전략 능력, 분석 능력, 문제해결 능력, 창의성이 포함된다.
- **德:** 리더는 타인을 감싸안는 포용력이 있어야 한다. 사람의 가슴과도 같다. 정통 역량모델의 인간관계 기술, 평정심, 인내심, 공명심, 진실성이 포함된다.
- **勇:** 어려움을 헤쳐나가는 용기다. 사람의 육체인 셈이다. 정통 역량모델의 결과 지향성, 끈기, 외로움을 이기는 능력, 갈등 조정 능력이 포함된다.

뛰어난 리더는 온전한 사람의 모습이다. 지식과 지혜를 가진 머리, 따뜻한 가슴, 지치지 않는 체력과 불요불굴의 인내심을 가진 사람이다. 그 어느 하나라도 빠진다면 리더십은 개발되기 어렵다.

2. 7대 덕

그리스 시대의 신학에서 유래한 7가지 주요 덕목을 뜻한다. 수천 년 전 인간에게 필요한 덕목으로 여겨진 이 리스트를 보면 놀라울 정도로 현대 리더십 역량과 일치한다.

- **배려**: 德과 일맥상통한다. 배려Care는 매력Charm과 어원이 같다. 배려할 줄 모르는 리더는 팔로워가 매력을 느끼지 못한다. 이는 팔로워 입장에서 생각하는 능력이다. 리더에게 뛰어난 비전이 있다 한들 팔로워가 공감하지 못하면 무용지물이 된다.
- **신뢰**: 德과 일맥상통한다. 타인으로부터의 신임이기도 하고, 스스로의 확신이기도 하다. 리더가 팔로워로부터 신뢰를 얻지 못하면 자발적 몰입을 요구할 수 없다. 팔로워의 신뢰는 리더의 신념 없이는 얻을 수 없다. 리더가 비전을 매달 바꾼다고 생각해보라. 어느 팔로워가 신뢰를 보내겠는가.
- **희망**: 智와 일맥상통한다. 미래에 대한 꿈을 꾸는 능력이다. 조직 비전을 제시하는 것이 리더의 역할이다. 리더는 늘 한 발 앞선 미래에 살아야 한다. 다만 허황된 꿈을 꾸지 않는, 신뢰를 받을 수 있는 비전을 갖기 위해서는 지식과 지혜가 있어야 한다.
- **사려분별**: 智와 일맥상통한다. 지혜를 뜻하며, 현대적 의미로는 판단력이자 지식이다. 조직 비전과 조직의 대의를 흔들림 없이 이끌고 나가는 원동력이다. 사려분별을 키우기 위해서는 많은 경험과 생각의 훈련이 필요하다.
- **공평성**: 勇과 일맥상통한다. 공평함을 이끄는 능력이자 조직 전체의 대의를 우선시하는 능력이다. 서로 다른 개인의 이익과 흥미를 조정해주는 것이 리더 역할이다. 일방적으로 조직의 대의를 강압하는 사람은 리더가 아니다. 균형을 매일 잡아주는 능력은 공평성, 공명심에서 나온다.
- **절제**: 勇과 일맥상통한다. 리더는 사익을 내세우지 않기 위한 자기통제와 수련이 필요하다. 리더는 외로운 역할이다. 팔로워가 미처 생각지 못하는 미래 비전을 늘 말과 행동에 담고 있어야 한다. 대의를 위해 사리사욕이나 개인적 친분을 떠난 공명심이 있어야 한다.
- **용기**: 勇과 일맥상통한다. 용기는 리더에게 에너지를 준다. 리더의 용기는 비전을 향한 험한 여정에 없어서는 안 될 끈기를 준다. 리더의 용기와 에너지는 팔로워의 긍정적 심리를 만들고 조직 전체에 영감과 자극을 준다.

소진되거나 충전하거나

제10강

4대 에너지 관리

직장생활을 하면서 겪는 상황은
예측 불가능하고
자주 위기와 시련에 맞닥뜨린다
그 상황에서 발생되는 스트레스는
생산성을 현격히 떨어뜨린다

아무리 지식과 기술, 역량이
뛰어나도 소용없다

아무리 육체적으로
근력이 월등해도 소용없다

소위 멘탈 갑이 되어야 하며
에너지 밥그릇을 키워야 한다

지금까지 배운 모든 것들을 실천하는 주체는 당신이다. 그 실천을 하기 위해 스스로를 어떻게 관리해야 할까? 앞서 9개 강의의 새로운 생각과 제언에 동의한다 해도 그것들을 온전히 나만의 것으로 만들기는 쉽지 않다. 당신에게 요구하는 변화는 상당히 깊고 크기 때문이다. 하지만 그 변화의 크기와 깊이가 부담이 되었다면 좋은 신호다. 이제 남은 한 가지 숙제는, 그 큰 부담을 실천으로 옮길 수 있는 에너지다.

강 부장은 IT부서 팀장이었다. 40대 초반이었던 그는 운동으로 단련한 탄탄한 몸의 소유자였다. 강 부장과 나는 업무교류가 거의 없었고, 오며가며 인사만 나누는 정도였기에 지레짐작으로 그가 운동을 좋아하고 건강에 관심이 많은 사람이겠거니 생각했다. 그러다가 관리자 워크숍에서 대화를 나눌 기회가 있었다. 나는 별 생각 없이 물었다.

"강 부장님은 몸이 정말 좋으세요."

"죽지 않으려고 애쓰다 보니 이렇게 된 것입니다."

그의 대답은 뜻밖이었다.

"제가 어려서부터 컴퓨터를 워낙 좋아했거든요. 평생 운동하고는 담 쌓고 살았죠. 사교적인 성격도 아니었고. 그러다보니 혼자 컴퓨터 앞에서 보내는 시간이 대부분이었어요."

다소 어눌한 말투의 강 부장은 계속 말을 이어나갔다. 하지만 낮은 목소리에는 깊은 통찰이 배여 있었다.

"그런 식으로 10년 넘게 직장생활을 하다가 30대 중반에 뇌출혈로 쓰러졌지요. 죽을 고비를 넘겼고, 1년 넘게 직장을 쉬었죠."

"아이구, 그런 일이 있었는지는 미처 몰랐습니다."

"그래서 죽지 않으려고 운동을 시작했다는 게 농담이 아니죠. 사람이 참 우둔하죠?"

그는 씁쓸한 표정으로 웃었다.

왜 건강해야 하는가

'건강하자'는 말은 진부한 말이다. 강 부장 같은 386세대가 일에만 매진하며 건강을 소홀히 했던 시절이 더 이상 아니기 때문이다. 젊은 세대의 누군들 건강을 하찮게 여기겠는가? 그러나 한편으론 되묻고 싶다. 왜 건강해야 한다고 생각하는가? 건강을 위한 건강이 아닌, 인생과 직장생활 성공을 위한 핵심으로서의 건강의 중요성을 알고 있는가? 우리는 건강에 대해 잘 알고 있다고 믿고 있지만 실제로는 그렇지 않다.

강 부장의 경우는 극단적 사례일지 몰라도 그의 이야기는 386세대의 자화상이다. 개인도 조직도 건강에 너무 무지했다. 학교에서는 건강관리에 대한 상식적 교육도 없었다. 생활습관으로서 배워야 할 개인의 건강은 체력장 점수만으로 채점되고, 체육시간이 국영수보다 열등하다는 잘못된 인식도 강했다. 다행히 요즘은 예전보다 건강에 대한 인식이 나아졌다. 많은 사람이 규칙적인 운동을 하고 음식에도 관심이 많고, 기업들도 직원 건강에 관심을 갖는다.

하지만 오해가 많아서 문제다. 때론 많은 운동량이 최선이라는 착각도 있고, 몸에 좋다는 음식이나 영양분만을 과하게 찾는 경우도 있다. 건강을 위한 건강을 추구하는 셈이다. 그러나 건강해야 한다는 당위적 명제가 아닌, 왜 그리고 어떻게 육체적 건강이 삶을 살아가는 데 필수적이고 효과적인가의 진짜 이유를 알지 못하면 건강을 유지하기 위한 갖가지 실천이 지속되지 못한다. 반짝 몇 달 운동하고 흥미를 잃는다거나, 근력은 충분한데 지구력이 없다거나, 육체적으로는 튼튼한데 스트레스에 약한 경우를 어렵지 않게 본다.

건강이 아닌 에너지를 관리하라

영어 표현에 'Live life full'이 있다. 인생을 충만하게 살라는 의미다. 인생의 모든 면면을 느끼고, 체험하고, 기뻐하고, 슬퍼하고, 즐기고, 일하며 산다는 뜻이 내포되어 있다. 주변에서 그런 사람을 간혹 본다. 일도 열심히, 여가도 열심히, 사교관계도 넓고 깊으며 가족과도 많은 시간을 보낸다. 건강은 그런 삶을 가능케 해준다. 현대 직장인은 업무와 수면의 2가지 생활 패턴밖에 없는 경우가 많다. Live life full의 정반대 삶을 살아간다. 그 생활 패턴을 바꾸고 인생을 충만하게 살 수 있다면, 그래서 직장생활이 성공적이라면 건강할 이유가 충분하다. 그것이 바로 건강해야 하는 진짜 이유다.

그렇다면 어떻게 성취할 수 있을까?

가장 먼저 해야 할 일은 시간이 부족하다는 착각부터 없애는 일이다. 2007년 토니 슈어츠Tony Schwartz는 〈하버드비즈니스리뷰〉에 '당신의 시간이 아니라 에너지를 관리하라'는 글을 기고했다. 그에 따르면, 기업과 개인이 사로잡혀 있는 잘못된 믿음 중 하나가 시간을 효율적으로 관리하면 생산성이 높아진다는 것이다. 많은 기업과 개인이 지식, 기술, 역량 개발에 관심을 갖고 투자하지만 그 과정에서 미처 깨닫지 못하는 점이 있다. 사람들의 자원이 무한하거나 동일하다는 전제를 무의식중에 하고 있다는 것이다. 하지만 현실은 다르다.

자원(혹은 용량)은 개인마다 크기가 다르고, 때로는 늘기도 하고 줄기도 한다. 사람마다 갖고 있는 밥공기의 크기가 다른데 그 안에 들어갈 밥의 양을 아무리 논해봤자 소용없는 것과 같은 이치다. 슈워츠는 밥공기의 크기를 에너지로 규정했다. 물론 지식이나 기술이 생산성을 높이는 것은 사실이다. 그러나 에너지(혹은 용량) 자체가 작으면 역량을 개발하는 데도 한계가 있다. 쉽게 말해, 생산성 향상을 잘하는 사람은 시간을 효율적으로 쓰는 사람이 아니라 기운이 뻗치는 사람이다. 기운이 뻗치는 사람의 밥공기는 크다. 그 기운을 슈워츠는 4가지로 구분했다. 육체 에너지, 정신 에너지, 감성 에너지, 영혼 에너지다.

육체 에너지는 모든 것의 기초

건강하다는 뜻은 에너지를 잘 관리해야 한다는 말이다. 에너지를 항상 고점에 올려놓는 기술을 터득해야 한다. 그것은 단순한 육체적 건강 이상을 뜻한다. 육체 에너지를 관리해야 하는 핵심적 이유는 그것이 정신 에너지와 감성 에너지의 기반이 되기 때문이다. 강 부장은 이렇게 덧붙였다.

"운동을 꾸준히 한 후로는 지구력도, 집중력도 훨씬 좋아졌어요."

운동을 한 후부터 자신감도 생기고 생활에 활력이 생겼다는 이야기를 종종 듣는다. 건강한 몸에 건강한 정신이 깃든다는 말과 통한다. 그런데 이 말을 조심해서 받아들여야 한다. 육체 능력이 정신건강을 무한대로 확장해주지는 않기 때문이다. 그러나 육체적 운동은 항스트레스력을 높여준다. 직장생활에서 견디기 가장 어려운 것 중의 하나가 스트레스다. 비록 육체적 건강이 모든 스트레스를 제거하는 필요충분조건은 아닐지라도 스트레스와의 싸움에서 반드시 갖춰야 할 필요조건이다.

식스팩, 스쿼트 200개, 마라톤 완주도 중요하지만 일상적으로 뇌에 충분한 산소를 공급해주고 혈류를 왕성하게 해주는 게 더 중요하다. 그래서 운동을 해야 한다. 규칙적 운동을 하면 잠을 깊게 잘 수 있다. 근육을 규칙적으로 사용하면 세포들이 태울 수 있는 에너지원이 증가한다. 유산소 운동은 혈류를 증가시키고 심장을 강하게 만든다. 이것으로 충분하다. 만성피로가 있는 사람은 절대 과한 운동을 하면 안 된다. 가벼운 걷기만도 큰 도움이 된다.

멘탈 갑을 만드는 정신 에너지

미국의 리더십 컨설팅회사 HPIHuman Performance Institute에서 한 실험을 했다. 5명의 프로 미식축구 선수와 5명의 FBI 요원을 선발해 숲에 갔다오는 과제를 주었다. 출발 전 두 그룹에게 똑같이 주어진 정보는 숲에 뱀과 야생동물이 있으니 조심하라는 것이었다. 실제로는 아주 안전한 곳이었고, 몰래카메라가 그들의 행동을 관찰할 뿐이었다. 그들이 한곳에 이르자 거짓으로 뱀과 야생동물 소리를 내면서 위협했다. 육체적으로 훨씬 우월한 미식축구 선수들은 그 소리에 혼비백산한 반면 FBI 요원들은 전혀 동요없이 대처했다. FBI 요원들은 위험이 닥치자 즉시 방어대형을 짜고 역할 분담을 하며 한 걸음씩 안전하게 베이스캠프로 돌아왔다.

위기 상황, 어려움에 대한 정신적 훈련이나 준비가 되어있는 사람은 경험이 없다 해도 어려운 시간을 더 효율적으로 극복해낼 수 있다. 육체적 건강함이 사회생활에서 필요한 에너지의 모든 것이 아니라는 뜻이다.

직장생활을 하면서 겪는 상황은 예측 불가능하고 자주 위기와 시련에 맞닥뜨린다. 그 상황에서 발생되는 스트레스는 생산성을 현격히 떨어뜨린다. 아무리 지식과 기술, 역량이 뛰어나도 소용없다. 아무리 육체적으로 근력이 월등해도 소용없다. 소위 멘탈 갑이 되어야 하며 에너지 밥그릇을 키워야 한다. 위협 상황을 잘 견딜 수 있는 방법 중의 하나는 발생 가능한 상황을 미리 설정하고 정신적으로 준비하는 것이다. 실적이 안 좋을 경우, 승진에서 탈락했을 경우, 거래가 불발됐을 경우, 프로젝트가 실패했을 경우 등 업무에 관련해서 벌어지는 위기는 어느 정도 패턴이 있다. 열린 마인드로 그러한 위기 상황을 미리 상정하고 대안을 이성적으로 만들어야 한다. 태어나서 무조건적으로 매일 성공하는 사람은 지구상에 없다. 성공하는 사람의 대부분은 실패를 극복하는 기술을 터득한 사람이다.

HPI는 위기상황에 대비하는 자세 외에도 정신 에너지를 잘 유지해주는 방법 한 가지를 더 제시한다. HPI의 컨설팅은 테니스 선수 피트 샘프라스Pete Sampras로부터 시작됐다. HPI는 샘프라스를 포함해 프로 운동선수들에 대한 컨설팅을 하던 회사였다. 샘프라스의 전성기 시절에 고객으로서 다양한 분석을 했는데, 논리적으로는 왜 샘프라스가 그토록 정상에 오랫동안 있었는지 설명이 되지 않았다. 샘프라스의 어깨, 다리, 손목, 팔의 근육량, 심폐량, 유연성, 신장과 시력 등을 분석했지만 어느 한 항목도 다른 선수보다 월등히 나은 게 없었다. 경기운영 능력이나 IQ 등 브레인 파워에서도 다른 선수들과 큰 차이가 없었다.

그렇다면 왜 샘프라스는 14년 동안 14번의 메이저대회에서 우승할 수 있었을까. 답은 경기 밖에 있었다. 정확하게는 세트 사이의 쉬는 시간에 있었다. 게임과 세트 사이의 쉬는 시간에 샘프라스는 다른 선수들에 비해 월등한 회복력을 갖고 있었다. 지난 경기에 대한 질책이나 후회가 없었고 앞으로 다가올 게임에 대한 불안감도 없었다. 오롯이 정신력을 최대한으로 풀어 휴식을 취하고 최고의 컨디션으로 끌어올리는 과정이 그 누구보다 효율적이었다.

정신없이 돌아가는 비즈니스 세계에서는 집중력이 필수이고, 깊은 휴식이 집중력을 높여준다. 이 사실을 자주 잊는 이유는 눈앞의 실적에 대한 책임감일 경우도 있고, 인생과 업무에서의 우선순위 없이 사는 습관일 경우도 있다. 이유가 무엇이건 인간은 피곤해지고 지치고 그리고 다시 회복하며 살아가는 동물이기에 휴식이 반드시 필요하다. 직장인의 휴식에는 2가지 측면이 있다. 첫째, 시간 측면이다. 계획적 휴가, 균형 잡힌 일상의 유지, 피크타임 이후의 다운타임 등 휴식의 절대시간을 배려해야 회복력이 생긴다. 둘째는 깊이다. 오래 쉰다고 회복력이 무조건 증대되지 않는다. 회복력을 증대시키는 휴식은 깊이에 관건이 있다. 샘프라스처럼 지난 실수에 자책을 하지 않고 정신을 자유롭게 쉬게 해주는 훈련을 해야 한다. 그런 훈련을 끊임없이 반복하면 시나브로 멘탈 갑이 될 수 있다.

나를 지켜주는 감성 에너지

정신 에너지가 집중력을 잃지 않는 힘이라면 감성 에너지는 긍정적 감정을 유지하는 힘이다. 정신 에너지가 근원적인 정신력이라면 감성 에너지는 즉흥적인 정신력이다. 운전을 하다가 시비가 붙는다거나, 상대의 고약한 말버릇에 기분이 나빠진다거나 하는, 대인관계에서 부정적 감정이 생기면 감성 에너지를 잃는다. 그 과정은 매우 순간적이다. 즉흥적으로 화가 나거나 슬퍼지거나 우울해지면서 뇌활동이 멈춘다. 직장생활이 이 상황의 연속이라면 기술이나 지식, 역량이 우월해도 소용없다. 생각의 힘을 잃은 감정은 판단력을 흐리게 한다. 떨어진 판단력으로 실수를 하게 되고, 한참 후에 후회하는 행동을 한다. 감정적으로 폭발하거나, 사표를 내던진다거나 하는 행동을 한다.

감성적 위기를 어떻게 극복할 수 있을까?

한 가지 방법은 정신 에너지 관리방식처럼 시나리오를 미리 짜고 준비하는 것이다. 직장에서의 감정적 스트레스는 당연한 부산물이다. 서로 다른 개인이 모여서 일하는데 스트레스가 없다면 오히려 이상한 조직이다. 스트레스의 유형을 미리 인지하고, 준비가 되어 있다면 빠른 시간에 스트레스로부터 벗어날 수 있다. 상사로부터 오는 스트레스, 거래처로부터 생기는 스트레스, 가족과 업무의 균형 사이에서 오는 스트레스를 떠올려보라. 엇비슷한 스트레스가 반복된다. 그것을 미리 인정하고 대비해야 한다. 상대의 언사나 의사결정의 옳고 그름을 따지는 것도 중요하지만 그것과 별개로 정신건강을 지키는 것도 중요하다. 부정적 감정이 끓어오르면 단 몇 초라도 시간을 벌어라. 심호흡을 크게 하면서 즉각적으로 반응하지 마라. 긍정적, 이성적 에너지를 잃으면 안 된다. 그것이 상대를 이기는 길이다.

그러나 근원적 문제해결 방법, 즉 감성 에너지를 키우는 기술은 자신을 사랑하는 것이다. 대인관계에서 오는 스트레스의 대부분이 자존감에 상처를 입히기 때문이다. 평상시에 자존감이 튼튼한 사람은 상처의 깊이가 얕다. 스스로에 대한 존중이 부족한 사람일수록 상대의 공격에 민감하고 다치기 쉽다. 일반적으로 한국인은 긍정 에너지 재생을 못하고 부정적 감정에서 헤어나오지 못하는 편이다. 어려서부터 감성을 관리하는 기술을 배우지 못했기 때문이다. 그래서 자존감은 생소하다. 내 스스로 내 감성을 하찮게 여기면 부정적 감정의 늪에서 빠져 나오지 못한다.

어떻게 자존감을 키울 것인가?

성공에 대한 생각을 바꿔라. 스스로에게 완벽주의를 요구하고 있다면 즉시 포기하라. 사람은 실패하면서 성공한다. 실패나 실수에서 긍정적 면을 찾는 습관을 길러야 한다. 생활 속에서 작은 성공을 만들고 성취감을 느껴라. 간단한 서류작업이나 인간관계에서도 작은 성공은 많다. 소소하다고 무시하지 말고 그것들을 스스로 축하해줘라. 때론 결과가 좋지 않더라도 어떤 종류의 행동이건 그 행동의 편익과 과정을 결과보다 더 중요시하라. 자기가 선택한 업무의 방법, 문제해결 방식에 긍정적 면이 있었다면 그것들을 잘 간직하라. 결과가 좋지 않다 해서 좋은 과정까지 포기하면 안 된다.

자신에 대해 탐구하라. 주기적으로 내가 어떤 스타일의 사람인지 생각하라. 그리고 나만의 스타일과 주장을 옹호하라. 업무에서만이 아니다. 옷매무새나 자세, 스피치,청결 등에 관심을 더 가져보라. 작은 패션 아이템 하나가 도움이 될 때도 있다. 세상에 나보다 더 중요한 것은 없다.

지속 가능성을 높이는 영혼 에너지

정신 에너지나 감성 에너지보다 과학적으로 설명하기 더 어려운 것이 영혼 에너지다. 5강에서 소개한 인생방정식 2.0이 영혼 에너지를 만드는 과정이다. 자신이 가장 잘하는 것, 가장 즐기는 것, 세상에서 자신의 의미, 자신이 하는 업무 사이에서 교집합을 찾으려는 노력이 영혼 에너지를 만든다. 그것은 바로 나의 비전이다. 물론 대부분의 사람이 비전을 갖고 있지는 않다. 게다가 비전에 대한 탐구나 노력은 그 결과가 눈에 보이지도 않는다. 영혼 에너지가 없어도 업무에 집중하는 데 큰 문제도 없다. 그러나 비전에 대한 깨달음이 있는 사람, 이 세상에서 살아가는 의미가 확고한 사람은 인생의 진정한 장거리 레이스가 가능하다. 비전은 항해사에게 북극성과도 같다. 항해 도중 길을 잃어도 다시 항로를 찾을 수 있다. 순간의 감성적 결핍, 실패의 시련, 육체적 고단함을 더 빨리 극복한다. 그래서 비전에 대한 열망은 정신 에너지와 감성 에너지, 때로는 육체 에너지의 관리와 재생에도 큰 도움이 된다.

4대 에너지 중 가장 상위인 영혼 에너지는 만들기도, 관리하기도 쉽지 않다. 잘하는 것과 좋아하는 것, 세상에서의 의미와 자신의 일 사이의 간극이 영원히 좁혀지지 않을 수도 있다. 그래서 영혼 에너지 관리의 핵심은 그 간극을 줄이는 것이다.

가족과의 여행이 중요한데 시간이 부족한가? 그렇다면 여행계획을 세우는 시점을 3개월 앞당겨라. 내가 좋아하는 것은 자료분석인데 아이디어가 업무에서 중요하다면 아이디어에 강한 사람을 찾아 협업하라. 이직을 하고 싶은데 정보가 부족한가? 그렇다면 비생산적 시간을 줄여라. 상사의 비인격적 대우에 감정의 롤러코스터를 타느라 시간을 낭비하지 말고 영혼 에너지를 관리해서 시간을 벌어라. 남은 시간에 이직을 위한 정보를 구할 수 있다. 이렇게 현실과 영혼 에너지 사이의 괴리를 줄여나가는 실천을 하라.

인생은 살아볼 만한 것

4대 에너지 관리는 실천하기 쉽지 않다. 생소해서 그렇다. 생소한 이유는 실천 동인이 나 자신으로부터 시작하기 때문이다. 시험이나 실적처럼 눈에 쉽게 목표치가 보이는 숙제가 아니다. 머리로는 4대 에너지의 관리방법을 이해했다 해도 실천할 수 있는 유일한 방법은 의지력을 발휘하는 것뿐인데 실제로 그 가치와 중요성을 느껴보지 않은 상태에서 막상 실천하려 하면 무척 어렵다. 앞서 강 부장이 생명의 위기를 느껴야 비로소 운동을 시작했던 것과 마찬가지 이치다.

이 책에서 살펴본 다른 주제들도 마찬가지다. 고성장 경제 시절에 남들이 만들어놓은 규격에 맞춰 살다보면 취직하고 승진하던 직장인의 인생은 사라졌다. 이제부터 우리가 맞닥뜨릴 변화는 무척이나 고통스럽다. 살아가는 방식을 새롭게 배워야 하기 때문이며, 개인을 탄생시켜야 하기 때문이다. 연봉의 크기, 시험점수, 아파트 평수라는 세상의 기준이 아니라, 나만의 가치, 꿈, 감정이 성공의 척도여야 하는데 우리는 스스로 성공과 행복의 기준을 만드는 방법을 배운 적이 없다. 그래서 어려운 숙제다.

하지만 이 숙제는 중요한 기회를 준다. 변화를 받아들이고 실천하는 것이 오롯이 당신의 몫이라는 말은, 당신의 노력에 따라 인생의 주체가 당신이 될 수 있다는 뜻이다. 대학 학점도, 입사시험 점수도 아닌 당신의 자유의지가 인생을 디자인할 수 있다. 업무역량을 쌓는 일도 회사가 시켜서가 아니라 스스로 원해서 실천한다면 더 능률적일 것이다. 커다란 난관이 다가와도 자신을 존중하는 기술을 터득했다면 그때그때의 감정에 충실하게 삶을 살아나갈 수 있다. 결국 'Live life full' 할 수 있다.

당신의 4대 에너지를 충전시키는 프로젝트에 도전해보라. 비록 쉽지 않은 도전일지라도 인생의 주인이 되는 경험은 해볼 만 한 가치가 있다. 다가오는 혁신경제의 시절에는 두 종류의 인생만이 남을 것이다. 타인의 기준에 따라 허겁지겁 살다가 방전된 인생이거나 자신만의 행복을 찾아 끊임없이 스스로를 단련하고 발전시킨 충전된 인생이거나……. 인생은 수많은 우연의 드라마지만 당신이 주도권을 쥐고 있다면 그 우연의 연속을 얼마든지 필연으로 만들어나갈 수 있다. 그 도전 때문에 인생은 살아볼 만하다. 부디, 건투를 빈다.

나는 똑똑한 것이 아니라
단지 문제를 더 오래
연구할 뿐이다
- 아인슈타인

실전 특강

육체 에너지 충전법

• 핵심은 산소다

산소가 모든 건강의 출발점이다. 유산소 운동은 혈액에 산소를 더 공급하고 심장을 강하게 한다. 좋은 공기를 많이 마시고 일주일에 두 번 이상은 숨차도록 달려라. 산소는 공짜다. 공짜로 심장의 용량을 늘려라.

• 올바로 먹어야 한다

산소와 함께 음식은 중요한 에너지원이다. 풍성한 하루 세 끼보다 작은 양의 먹을거리를 자주 먹는 게 에너지 생산에 더 효율적이다. 3~4시간마다 과일이나 견과류를 한 움큼씩 먹으면 높은 에너지를 유지할 수 있다. 물은 혈액활동의 핵심이다. 하루 8잔 이상의 물을 마셔라. 커피나 소다 등 카페인 섭취가 많으면 그만큼 더 물을 마셔라.

• 운동의 목표를 정확히 하라

왜 육체 에너지가 더 필요한지를 정확히 알아야 한다. 남들이 하니까 덩달아 운동을 하려 한다면 실천이 안 되고 부담되는 숙제만 된다. 동기부여를 줄 수 있는 목표를 찾아라. 예를 들어, 가족여행을 더 충만하게 하기 위해 체력을 키운다거나, 학위를 따기 위해 업무강도를 조절한다거나, 악기를 배우기 위해 술을 줄여 시간을 만든다거나 하는 구체적이고, 성취감을 느낄 수 있는 목표를 정하라.

• 깊은 잠을 자라

수면 환경을 바꾸는 것이 중요하다. 잠은 침대에서만 자고, 침대 근처에서 TV를 없애라. 수면장애가 있다면 잠을 자는 시간보다 숙면 자체가 더 중요하다. 수면부족에 대한 걱정은 오히려 수면을 방해한다. 낮잠을 피하라. 짧은 시간을 자더라도 침대에서 숙면하도록 습관을 바꿔라. 숙면이 스트레스를 줄여준다.

정신 · 감성 에너지 충전법

• 뇌를 기분 좋게 하라

고도의 집중을 위해 기분을 긍정적으로 유지하라. 뇌의 변연계邊緣系 Limbic system에는 편도체扁桃體 Amygdala라는 신경이 있다. 이 신경이 하는 일은 수집된 정보를 감성으로 필터링하는 것이다. 똑같은 정보도 기분이 긍정적이면 장시간 기억하는 곳으로 보내고, 기분이 나쁘면 빨리 잊게 만든다. 학생 시절 암기공부를 아무리 열심히 해도 금방 까먹는 이유는, 남이 시켜서 하는 억지 공부이기 때문이다. 즐길 때만 집중력이 생긴다.

• 다양한 자극을 찾아라

감각에 새로운 자극을 종종 줄 필요가 있다. 출근길에 전혀 다른 동네나 새벽시장에 가보라. 새로운 장소에서 열심히 일하는 사람들을 보면 나도 모르게 에너지가 생긴다. 뇌에는 망상활성화계網狀體活性化計 Reticular Activating system라는 신경 집합이 있다. 이것의 역할은 손, 다리, 얼굴 등 각종 기관에서 수집된 정보를 뇌에게 얼마나 관심을 갖고 반응해야 하는지를 결정한다. 새로운 자극에 더 민감하게 반응하게끔 해준다는 뜻이다. 환경을 새롭게 해주고 새로운 감각을 제공하면 뇌는 더 집중하게 된다.

영혼 에너지 충전법

• 경력의 목표를 정하라

비전이 당장 손에 잡히지 않는다면 경력의 최종 목적지만으로도 항해는 순조로워진다. 10년 후 부장, 20년 후 업계 1위 기업의 사장… 그 무엇이 되었건 목표를 정했으면, 그 다음은 이정표를 정하라. 3년 후 매출 50억 원 달성, 5년 후 시장점유율 10%p 증가 등이 이정표일 수 있다. 그 이정표 사이에서는 최종 목적지를 굳이 생각하지 않아도 된다. 이정표 간의 항해에만 집중하라. 그 집중을 통해 '몰입'을 경험하라. 이것이 효율적인 경력항해의 기술이다.

에필로그

시작과 끝

이 책이 시작된 사연은 이렇다. 약 4년 전 어느 날, 나는 중국 상하이의 한 식당에서 때를 놓친 저녁을 혼자 먹고 있었다. 주문을 한 후 식사를 기다리던 나는 오랫동안 마음으로만 생각해오던 트위터 계정과 워드프레스 블로그 계정을 만들었다. 떠들고 싶었다. 한국말로! 내 한국어 글쓰기 실력이 날로 퇴화해가는 걱정도 컸고, 내가 여러 국가에서 다양한 사업환경과 다양한 인종의 사람들과 일하며 경험하고 느껴온 것들에 대해 떠들고 싶었다. 한국인 트위터리언들 중 누구를 팔로우해야 하는지 난감했다. 이른바 유명한 사람들을 골랐다. 그 중 estima라는 아이디로 유명한 임정욱 스타트업 얼라이언스 센터장(당시는 라이코스 대표)이 있었다. 내가 아는 사람이 파워 트위터리언이라는 게 너무 신기했다. 메시지를 보내고 맞팔을 했다. 그게 시작이었다. 주말마다 블로그에 글을 올렸다. 조악한 글들이었지만 떠드는 게 즐거웠다. 즐거움은 오래지 않아 행복으로 바뀌었다. 내 글이 도움이 된다는 사람들이 생겼다. 남에게 도움이 되는 것만큼 행복한 감정도 드물다. 그렇게 사람들을 인터넷으로 만나기 시작했다. 내가 도움을 준 분들만큼 내게 도움을 주신 분들도 많았다. 그렇게 우연처럼 시작된 내 글쓰기는 소통과 만남이 되었다. 그 만남이 내게 용기를 주어서 책까지 쓰게 되었다.

지난 1년 가까이 씨름을 하던 이 책을 떠나보내는 마음이 아쉬움만이 아닌 이유는, 내 앞에 또 다른 시작이 있기 때문이다. 책으로 더 많은 분들과 만나고, 더 깊은 소통을 할 수 있다는 기대감이 시나브로 생겼다. 140자로 제한된 트윗이 아니고, 짧은 블로그 토막글도 아니니, 더 충만한 대화를 할 수 있다는 기대감이 생긴다.

귀한 경험이지만 간혹 그런 아침이 있다. 갑자기 아이디어가 폭포수처럼 쏟아져내리는. 새로운 아이디어들 때문에 해야 할 일들이 산더미처럼 머릿속에서 폭발하는데 이상하리만큼 즐겁다. 흥분된 마음으로 회사로 달려간다. 직장인에겐 정말 충만하고 행복한 아침이다.

책을 탈고하며 내가 갖는 벅찬 감정이 그렇다. 아쉬움을 문밖으로 배웅하고 나니, 책을 통해 얻게 될 새로운 만남에 흥분된다. 블로그에서 할 일이 너무 많고, 오프라인에서도 할 일이 너무 많다. 마음이 바쁘다. 끝이 있으니 시작이 있다. 감사하다.

이 책이 있을 수 있기까지 직간접적으로 도움을 주신 분들이 너무 많다. 15년지기 임정욱 센터장님, 다음카카오의 민금채님, 이야기나무의 바람님, 숲님, 샘님, 김호경님, 내 인생의 영원한 멘토 J형님, 주말마다 글 쓴다고 자리를 비운 나를 이해해준 가족…… 모두 이 지면을 빌어 감사의 말을 전한다.

2015년 7월 어느 타지에서

박이언

<참고문헌>

2강

p46 The New York Times, 'How the U.S. Lost Out on iPhone Work', 2012.1.21

p48 한국금융연구원, <임금 없는 성장의 국제 비교>, 2014.4.27

p50 McKinsey Global Institute, <Disruptive technologies: Advances that will transform life, business, and the global economy>, 2013

p50 Carl Benedikt Frey & Michael Osborne, University of Oxford, <The Future of Employment: How susceptible are jobs to computerisation?>, 2013

p54 장세진, 조선일보, <삼성전자 '제2 新경영'의 키워드 두 개>, 2014.7.12

p56 이계원, 비즈니스포스트, <삼성전자 주말 반바지 출근 허용>, 2014.7.15

p61 Heidrick & Struggles, Economist Intelligence Unit, <The Global Talent Index Report: The outlook to 2015>, 2012

3강

p73 Ruxiang Jiang, Harvard Business Review, <China's Hard-Work Culture: Today an Advantage, Tomorrow a Weakness>, 2011.12.07

p76 김경일, 바다출판사 『공자가 죽어야 나라가 산다』, 1999.5.1

p79 Dani Rodrik, Princeton University, <Getting interventions right: How South Korea and Taiwan grew rich>, 1994

4강

p105 Kenneth P. DeMeuse, The Korn/Ferry institute, <What's Smarter than IQ? Learning Agility. It's No.1-above intelligence and education-in predicting leadership success>

5강

p121 Frederick Tayler, 『The Principle of Scientific Management』, 1911

p121 그레고리 클라크, 한스미디어, 『맬서스 산업혁명 그리고 이해할 수 없는 신세계: 왜 부국의 원조가 빈국의 가난을 해결하지 못하는가』, 2009.3.25

6강

p147 Kishore Mahbubani, Cavendish Square Publishing, 『Can Asians Think?』, 2009

7강

p178 WHO, <Life skills education for children and adolescents in schools>, 1997

8강

p202 에릭 리스, 인사이트, 『린 스타트업』, 2012.11.12

9강

p224 The Korn/Ferry institute, <Leadership transformation powers growth for firms in Asia>, 2011

p231 Harvard Business Review, Daniel Goleman, <Leadership that gets results>, 2000

10강

p246 Tony Schwartz & Catherine McCarthy, Harvard Business Review, <Manage your energy, not time>, 2007

배움은 미래를 위한
가장 큰 준비이다
– 아리스토텔레스